HAWAÏ
GUIDE DE VOYAGE
2024

Explorez le paradis tropical de l'océan Pacifique avec des détails sur les attractions, les hôtels, les plages, les sentiers battus et plus encore

D1639804

ELVIE COLLIER

Aperçu

Hawaï, un paradis tropical dans l'océan Pacifique, est un archipel captivant composé de 137 îles, bien que les principales soient Hawaï (souvent appelée la grande île), Maui, Oahu, Kauai, Molokai et Lanai. Connue pour ses paysages époustouflants, sa culture dynamique et ses écosystèmes diversifiés, Hawaï attire des millions de visiteurs chaque année.

L'activité volcanique a joué un rôle crucial dans la formation de la géographie unique d'Hawaï. Les îles possèdent des forêts tropicales luxuriantes, des cascades et des plages immaculées aux eaux turquoise. Parmi ses merveilles naturelles se trouve le volcan actif Kilauea, un spectacle impressionnant sur la Grande Île. Les visiteurs peuvent également explorer l'emblématique canyon de Waimea à Kauai, souvent surnommé le « Grand Canyon du Pacifique ».

La richesse culturelle d'Hawaï est évidente dans sa danse traditionnelle hula, sa musique ukulélé et l'esprit de l'aloha, incarnant la chaleur et l'hospitalité. Honolulu, la capitale de l'île d'Oahu, présente un mélange de modernité et d'histoire, avec des monuments comme Pearl Harbor et le palais Iolani.

Les touristes et les habitants s'adonnent aux sports nautiques, notamment le surf sur la côte nord d'Oahu ou la plongée en apnée dans les eaux cristallines de Molokini. Avec un climat allant du tropical au subarctique, Hawaï offre un havre de paix toute l'année pour ceux qui recherchent un mélange parfait de détente et d'aventure.

Chapitre 1

Meilleures attractions

Waikiki Beach (Oahu) : Située le long des rives emblématiques d'Oahu, c'est un havre de paix de renommée mondiale qui incarne l'attrait d'Hawaï. Cette étendue de sable doré de deux milles, encadrée par le Pacifique turquoise et la toile de fond du cratère volcanique de Diamond Head, est un emblème du paradis tropical. Résonnant au rythme de la musique hawaïenne et de la danse des palmiers qui se balancent, Waikiki attire les visiteurs avec son énergie vibrante. La plage s'adresse aux adorateurs du soleil, aux surfeurs et aux amateurs de loisirs, offrant des vagues douces pour les débutants et des vagues plus difficiles pour les surfeurs chevronnés. Au-delà du sable, l'avenue Kalakaua invite à l'exploration avec ses boutiques haut de gamme, ses restaurants variés et ses divertissements animés. Alors que le soleil plonge sous l'horizon, Waikiki se transforme en un royaume magique, où les lumières du soir dansent sur l'eau et où l'esprit de l'aloha s'attarde dans l'air chaud et parfumé. La plage de Waikiki est un symbole durable de la fusion enchanteresse de la beauté naturelle et de l'hospitalité hawaïenne.

Parc national de Haleakalā (Maui) : Perché au sommet des pentes verdoyantes de Maui, le parc national de Haleakalā est un sanctuaire de paysages d'un autre monde et d'importance culturelle. Son nom, qui signifie « Maison du soleil » en hawaïen, résume la beauté impressionnante du parc. Au sommet, le cratère Haleakalā dévoile un panorama surréaliste de cônes de cendres, de terrain lunaire et de teintes vibrantes qui se transforment avec le soleil levant, créant un spectacle céleste. Le parc s'étend sur divers écosystèmes, du sommet austère aux forêts tropicales luxuriantes remplies de flore et de faune endémiques. Haleakalā est un paradis pour les randonneurs, avec des sentiers menant à travers des pentes parsemées d'épées d'argent et descendant au cœur du cratère volcanique. Des trésors culturels, tels que d'anciens temples hawaïens ou heiau, parsèment le paysage, soulignant l'importance du parc pour les traditions autochtones. Au coucher du soleil, Haleakalā devient un observatoire céleste, attirant les astronomes pour assister aux merveilles célestes au-dessus. Le parc national de Haleakalā témoigne des merveilles naturelles de Maui et des liens durables entre la terre et son patrimoine culturel.

Parc national des volcans (île d'Hawaï) : Situé dans le paysage dynamique de l'île d'Hawaï, le parc national des volcans est une merveille géologique qui dévoile la puissance brute et les forces créatrices de la Terre. Abritant deux des volcans les plus actifs du monde, le Kilauea et le Mauna Loa, le parc est un témoignage vivant de la face en constante évolution de la planète. Le Kilauea, avec son cratère Halema'uma'u, émet une lueur éthérée la nuit, offrant un spectacle fascinant de lave en fusion. Les divers écosystèmes du parc vont des forêts tropicales luxuriantes aux étendues volcaniques stériles, favorisant une vie végétale et animale unique que l'on ne trouve nulle part ailleurs. Les visiteurs peuvent explorer le tube de lave de Thurston, admirer les paysages spectaculaires le long de la route de la chaîne de cratères et s'émerveiller devant les immenses caldeiras. Les sites culturels, tels que les champs de pétroglyphes, partagent les histoires des anciens Hawaïens et leur relation avec ces géants de feu. Le parc national des volcans est un mélange captivant de merveilles naturelles et de patrimoine culturel, offrant un voyage profond dans la tapisserie géologique de la Terre.

Côte de Na Pali (Kauai) : La côte de Na Pali de Kauai est une étendue de côte accidentée à couper le souffle qui témoigne des forces de la nature. D'imposantes falaises émeraude, ornées d'une végétation tropicale luxuriante, plongent de manière spectaculaire dans l'océan Pacifique, créant un paysage d'une beauté inégalée. Accessible principalement par la mer ou par des sentiers de randonnée difficiles, la côte de Na Pali dévoile des plages cachées, des grottes marines et des cascades en cascade, incitant les aventuriers à explorer ses merveilles reculées. Le sentier Kalalau, qui longe la côte, offre des vues à couper le souffle sur le Pacifique et serpente à travers des vallées imprégnées de l'histoire hawaïenne. Alors que le soleil peint les falaises de teintes dorées, la côte se transforme en un tableau envoûtant. La mer en contrebas regorge de vie marine, offrant une toile de fond vibrante pour les plongeurs en apnée et les excursions en bateau. Cette partie vierge du littoral de Kauai incarne l'esprit d'une nature sauvage intacte, invitant ceux qui s'aventurent sur ses rives dans un monde où la nature règne en maître.

Hana Road (Maui) : La Hana Highway de Maui est un ruban d'asphalte légendaire qui se déploie à travers des forêts tropicales luxuriantes, le long de falaises spectaculaires et de cascades en cascade, offrant un voyage cinématographique à travers le paradis. Cette route emblématique, officiellement connue sous le nom de Hana Highway ou Hana Road, s'étend sur environ 64 miles, reliant Kahului à la ville isolée de Hana sur la côte est de l'île. Serpentant à travers plus de 600 virages et traversant près de 60 ponts à une voie, le voyage est une aventure en soi. La route offre des vues sur le Pacifique étincelant, les forêts denses de bambous et les collines verdoyantes parsemées de fleurs vibrantes. En cours de route, des arrêts comme l'arboretum du jardin d'Eden et les piscines d'Oheo offrent l'occasion de s'immerger dans les merveilles naturelles de Maui. Alors que la route serpente à travers la luxuriante forêt tropicale de Hana, elle devient un portail vers la beauté sauvage d'Hawaï, culminant à Hana, une ville entourée de splendeur tropicale et imprégnée de culture hawaïenne, faisant de la Hana Highway une expédition inoubliable au cœur de Maui.

Diamond Head State Monument (Oahu) : Le Diamond Head State Monument, qui orne l'horizon d'Honolulu sur l'île d'Oahu, est un cratère volcanique emblématique qui témoigne de l'histoire géologique d'Hawaï. Également connu sous le nom de Le'ahi en hawaïen, Diamond Head offre des vues panoramiques et un aperçu du passé ancien de l'île. Le sommet, atteint par un sentier panoramique, dévoile une vue spectaculaire sur Waikiki, l'océan Pacifique et les toits d'Honolulu. La randonnée serpente à travers un tunnel militaire historique et monte jusqu'au bord du cratère, récompensant les aventuriers avec un panorama à couper le souffle. Formé à l'origine par une éruption volcanique il y a plus de 300 000 ans, Diamond Head est aujourd'hui une destination de randonnée très appréciée, attirant les visiteurs vers ses formations géologiques uniques et ses bunkers militaires de la Seconde Guerre mondiale. Le nom du cratère, Diamond Head, a été inventé par des marins britanniques du XIXe siècle qui ont confondu les cristaux de calcite dans les roches avec des diamants. Cette merveille géologique combine la beauté naturelle, l'histoire et la randonnée, ce qui en fait une destination incontournable pour ceux qui recherchent à la fois l'aventure et des vues à couper le souffle sur Oahu.

Plage de Lanikai (Oahu) : Située sur la côte au vent d'Oahu, la plage de Lanikai est un havre tropical réputé pour son sable blanc immaculé, ses eaux turquoise cristallines et ses palmiers luxuriants en toile de fond. Nommée à juste titre « mer paradisiaque » en hawaïen, Lanikai est à la hauteur de son surnom en offrant une évasion tranquille du monde animé. Cette plage en forme de croissant possède des eaux peu profondes et calmes, ce qui la rend idéale pour la baignade, le kayak et le stand-up paddle. Les îles Mokulia, connues sous le nom de « Mokes », s'élèvent de manière spectaculaire de l'océan juste au large, offrant une toile de fond pittoresque. Le lever du soleil sur les Mokes est un spectacle légendaire, attirant les lève-tôt pour voir le ciel s'embraser de teintes roses et dorées. Le cadre résidentiel de Lanikai Beach ajoute à son attrait, avec des maisons haut de gamme nichées le long de son rivage. Protégée par une barrière de corail, la plage maintient une ambiance sereine, invitant les visiteurs à se prélasser au soleil, à explorer les îles au large des environs et à savourer la beauté inégalée de ce paradis hawaïen.

Cratère Molokini (Maui) : Le cratère Molokini, au large de la côte sud-ouest de Maui, est une merveille naturelle et un sanctuaire marin qui invite les amateurs de plongée sous-marine dans une caldeira volcanique submergée. Formé il y a plus de 230 000 ans, cet îlot en forme de croissant est un havre marin, vénéré pour ses eaux cristallines et ses récifs coralliens vibrants. Les plongeurs en apnée et les plongeurs ont droit à un spectacle sous-marin, rencontrant une abondance de poissons tropicaux, des formations coralliennes colorées et même des tortues de mer ou des raies manta occasionnelles. Le cratère protégé, partiellement submergé, crée un amphithéâtre naturel pour la vie marine, faisant de Molokini l'une des principales destinations de plongée en apnée et de plongée d'Hawaï. Sa forme en croissant protège les eaux des forts courants, assurant un environnement sous-marin calme et vierge. Accessible par bateau, Molokini offre une visibilité inégalée, dépassant souvent les 150 pieds. Le mélange unique d'intrigue géologique et de biodiversité marine fait du cratère Molokini un sanctuaire aquatique extraordinaire, captivant ceux qui explorent ses royaumes submergés avec un kaléidoscope de merveilles sous-marines. Un îlot en forme de croissant parfait pour la plongée en apnée et la plongée.

Pipiwai Trail (Maui) : Niché au cœur du charmant parc national Haleakalā de Maui, le Pipiwai Trail est une odyssée de randonnée captivante qui serpente à travers des forêts tropicales luxuriantes, des bosquets de bambous et culmine aux chutes éthérées de Waimoku. Ce sentier aller-retour de 4 miles met en valeur la diversité des paysages de Maui, en commençant par une forêt de bambous qui enveloppe les randonneurs dans une cathédrale surréaliste et verdoyante. Le sentier mène aux impressionnantes chutes de Makahiku et de Waisoku, ces dernières plongeant de 400 pieds dans un spectacle fascinant de la grandeur de la nature. En traversant des ponts, des promenades et en passant par un bosquet de banians, le sentier Pipiwai offre un voyage sensoriel dans le riche écosystème d'Hawaï. D'imposantes tiges de bambou, des fougères vibrantes et le grondement lointain des chutes d'eau créent une symphonie d'images et de sons. Le point culminant du sentier aux chutes de Waimoku, enveloppées de brume et entourées de végétation tropicale, marque le point culminant d'une randonnée exaltante qui dévoile la beauté brute de la forêt tropicale orientale de Maui et témoigne des diverses merveilles naturelles de l'île.

Kualoa Ranch (Oahu) : Situé au cœur du parc national enchanteur de Haleakalā à Maui, le sentier Pipiwai est une odyssée de randonnée captivante qui serpente à travers des forêts tropicales luxuriantes, des bosquets de bambous et culmine aux chutes éthérées de Waimoku. Ce sentier aller-retour de 4 miles met en valeur la diversité des paysages de Maui, en commençant par une forêt de bambous qui enveloppe les randonneurs dans une cathédrale surréaliste et verdoyante. Le sentier mène aux impressionnantes chutes de Makahiku et de Waisoku, ces dernières plongeant de 400 pieds dans un spectacle fascinant de la grandeur de la nature. En traversant des ponts, des promenades et en passant par un bosquet de banians, le sentier Pipiwai offre un voyage sensoriel dans le riche écosystème d'Hawaï. D'imposantes tiges de bambou, des fougères vibrantes et le grondement lointain des chutes d'eau créent une symphonie d'images et de sons. Le point culminant du sentier aux chutes de Waimoku, enveloppées de brume et entourées de végétation tropicale, marque le point culminant d'une randonnée exaltante qui dévoile la beauté brute de la forêt tropicale orientale de Maui et témoigne des diverses merveilles naturelles de l'île.

Pu'u Pehe (Sweetheart Rock) (Lanai) : Perché le long des rives immaculées de Lanai, Pu'u Pehe, ou Sweetheart Rock, est une falaise marine spectaculaire imprégnée de légendes hawaïennes et de beauté naturelle. S'élevant majestueusement au-dessus des eaux turquoise de la baie de Hulopoe, ce monument captive par sa présence imposante et les histoires tissées dans son nom. Selon la légende locale, Pu'u Pehe est lié à une histoire d'amour tragique entre un guerrier de Lanai et une princesse de Maui. Le rocher est considéré comme un lieu de sépulture sacré pour les amoureux, à jamais liés dans l'au-delà. Les teintes contrastées de la mer azur et des falaises de couleur rouille créent une harmonie visuelle captivante.

Accessible par un sentier côtier, Pu'u Pehe offre une vue panoramique à couper le souffle sur le Pacifique, ce qui en fait une destination sereine et romantique. Alors que le soleil plonge sous l'horizon, projetant des teintes chaudes sur le paysage, Pu'u Pehe témoigne des contes durables et des merveilles naturelles qui définissent l'île enchanteresse de Lanai.

Chutes de Wailua (Kauai) : Les chutes de Wailua, un chef-d'œuvre en cascade sur l'île de Kauai, sont une merveille naturelle qui plonge de 80 pieds dans une piscine luxuriante et verdoyante. Accessible depuis le bord de la route, cette cascade emblématique à deux niveaux est encadrée par un environnement vert émeraude et incarne la beauté à couper le souffle de l'île Garden. Les chutes sont devenues célèbres en tant que générique d'ouverture de la série télévisée « Fantasy Island », consolidant leur place dans la culture populaire. Avec en toile de fond le majestueux mont Waialeale, les chutes de Wailua ne sont pas seulement un spectacle visuel, mais ont également une importance culturelle. Dans la tradition hawaïenne, il est considéré comme un lieu d'énergie spirituelle et est associé à d'anciennes cérémonies. Les visiteurs peuvent profiter de la vue depuis le belvédère, capturer les chutes dans toute leur splendeur, ou s'aventurer plus près pour sentir l'étreinte brumeuse. Les chutes de Wailua témoignent des paysages luxuriants de Kauai et de leur capacité à enchanter ceux qui témoignent de la puissance brute et de la beauté éthérée de la nature.

P

arc d'État d'Akaka Falls (île d'Hawaï) : Niché sur la côte nord-est de Hamakua de l'île d'Hawaï, le parc d'État d'Akaka Falls est un sanctuaire verdoyant où les forêts tropicales humides bercent les magnifiques chutes d'Akaka. L'attraction vedette, Akaka Falls, plonge à 442 pieds dans une gorge luxuriante, créant un spectacle fascinant qui résonne avec la puissance brute de la nature. Un court sentier en boucle bien entretenu mène les visiteurs à travers un paysage luxuriant orné de bosquets de bambous, d'orchidées et de fougères imposantes. Au fur et à mesure que le sentier serpente, il dévoile non seulement les chutes d'Akaka, mais aussi les chutes de Kahuna, tout aussi enchanteresses. La brume constante dans l'air ajoute à l'ambiance mystique, créant une expérience sensorielle rafraîchissante. D'anciennes légendes hawaïennes résonnent dans le parc, ajoutant une profondeur culturelle à la beauté naturelle. Les points de vue du parc offrent des vues captivantes sur l'océan Pacifique et le littoral environnant, faisant du parc d'État d'Akaka Falls un paradis pour les amoureux de la nature et ceux qui recherchent une escapade paisible au cœur des divers paysages d'Hawaï.

Plage de sable noir de Punalu'u (île d'Hawaï) : La plage de sable noir de Punalu'u, nichée sur la côte sud-est de l'île d'Hawaï, est un littoral captivant et unique réputé pour son sable noir de jais, créé par la puissance implacable de l'activité volcanique. Le contraste entre le sable sombre et les eaux bleues vives de l'océan Pacifique et la verdure luxuriante des cocotiers crée un paysage surréaliste et visuellement saisissant. La plage n'est pas seulement une merveille géologique, mais aussi un habitat pour les tortues de mer vertes en voie de disparition qui se prélassent sur le sable, ajoutant une touche de charme à la faune au paysage. Le fracas rythmique constant des vagues contre les roches volcaniques et le murmure lointain des feuilles de palmier dans les alizés créent une symphonie apaisante.

Punalu'u offre plus que des visuels époustouflants ; c'est un trésor culturel, incarnant les forces dynamiques du passé volcanique d'Hawaï et servant de refuge aux amateurs de plage et aux amoureux de la nature à la recherche d'un lien profond avec les divers écosystèmes de l'île.

Napali Coast State Wilderness Park (Kauai) : Le Nāpali Coast State Wilderness Park sur l'île de Kauai est une étendue de littoral accidentée et impressionnante qui témoigne de la beauté brute d'Hawaï. Les falaises spectaculaires, atteignant des hauteurs de plus de 4 000 pieds, plongent dans les eaux céruléennes de l'océan Pacifique, créant un paysage d'une grandeur à couper le souffle. Accessible principalement par la mer ou par des sentiers de randonnée difficiles, la côte de Nāpali dévoile des vallées cachées, des cascades et une végétation luxuriante qui incarnent les merveilles naturelles de l'île aux jardins. Le sentier Kalalau, qui traverse la côte, offre aux randonneurs intrépides un voyage difficile mais gratifiant à travers des vallées verdoyantes et des points de vue panoramiques. Les excursions en bateau offrent une perspective alternative, mettant en valeur les grottes marines, la faune et les piles marines emblématiques. La côte de Nāpali, imprégnée de l'histoire et des traditions hawaïennes, invite les aventuriers à se connecter avec l'esprit de la terre et de la mer, offrant une expérience inoubliable dans l'une des zones sauvages les plus vierges et les plus captivantes de Kauai.

Sommet du Mauna Kea (île d'Hawaï) : Le sommet du Mauna Kea, qui se dresse majestueusement sur l'île d'Hawaï, est un sanctuaire céleste et le point culminant du Pacifique. S'élevant à une altitude de 13 796 pieds, ce volcan endormi est réputé pour ses observatoires astronomiques et ses possibilités inégalées d'observation des étoiles. L'air vif du sommet et l'absence de pollution lumineuse créent un environnement idéal pour les astronomes et les visiteurs pour explorer le cosmos. Les observatoires du Mauna Kea, perchés au sommet du sommet, abritent des télescopes de pointe qui plongent dans les mystères de l'univers. Accessible par une route sinueuse, le trajet jusqu'au sommet dévoile des paysages variés, des déserts subalpins à la couronne enneigée en hiver. Le

Mauna Kea est également important sur le plan culturel, tissé dans les traditions hawaïennes indigènes et considéré comme le royaume des divinités. Les visiteurs sont encouragés à respecter l'environnement sacré et à s'acclimater à l'altitude avant de s'aventurer au sommet. Un voyage au sommet du Mauna Kea offre une évasion céleste, mêlant émerveillement scientifique et révérence spirituelle au milieu de la grandeur volcanique d'Hawaï.

Parc d'État de la vallée d'Iao (Maui) : Le parc d'État de la vallée est un havre de paix luxuriant et serein défini par l'emblématique aiguille d'Iao, un sommet volcanique de 1 200 pieds de haut. Des sommets verdoyants, enveloppés de brume et de feuillage tropical, créent une toile de fond à couper le souffle pour cette vallée riche en beauté naturelle et en importance culturelle. Un court sentier pavé permet aux visiteurs d'apprécier la majesté du parc, menant à des points de vue qui mettent en valeur l'aiguille Iao et la vallée émeraude en contrebas. La vallée revêt une importance historique en tant que site de la bataille de Kepaniwai, où en 1790, les guerriers se sont affrontés dans un conflit crucial qui a façonné l'histoire hawaïenne. Le ruisseau Iao coule à travers la vallée, renforçant sa tranquillité avec le son apaisant des eaux en cascade. Entouré par les teintes vibrantes de la flore tropicale et les sommets imposants des montagnes de l'ouest de Maui, le parc d'État de la vallée d'Iao est un sanctuaire qui incarne l'attrait intemporel des paysages naturels et culturels de Maui.

Zone de loisirs d'État de Hapuna Beach (île d'Hawaï) :
Situé à Maui, le parc d'État de la vallée d'Iao est un
havre de paix luxuriant et serein défini par
l'emblématique Iao Needle, un sommet volcanique de 1
200 pieds de haut. Des sommets verdoyants, enveloppés
de brume et de feuillage tropical, créent une toile de
fond à couper le souffle pour cette vallée riche en
beauté naturelle et en importance culturelle. Un court
sentier pavé permet aux visiteurs d'apprécier la majesté
du parc, menant à des points de vue qui mettent en
valeur l'aiguille Iao et la vallée émeraude en contrebas.
La vallée revêt une importance historique en tant que
site de la bataille de Kepaniwai, où en 1790, les guerriers
se sont affrontés dans un conflit crucial qui a façonné
l'histoire hawaïenne. Le ruisseau Iao coule à travers la

vallée, renforçant sa tranquillité avec le son apaisant des eaux en cascade. Entouré par les teintes vibrantes de la flore tropicale et les sommets imposants des montagnes de l'ouest de Maui, le parc d'État de la vallée d'Iao est un sanctuaire qui incarne l'attrait intemporel des paysages naturels et culturels de Maui.

Ke'e Beach (Kauai) : La zone de loisirs d'État de Hapuna Beach, qui orne la côte ouest de l'île d'Hawaï, est une oasis ensoleillée de sable blanc poudreux et d'eaux cristallines. Réputée comme l'une des premières plages de la Grande Île, Hapuna invite les visiteurs dans un monde d'une beauté côtière inégalée et de bonheur récréatif. S'étendant sur plus d'un demi-mile, la plage dispose d'une large étendue de sable doux, offrant suffisamment d'espace pour bronzer, se promener sur la plage et pratiquer des sports de plage. Les eaux claires et azur sont idéales pour la baignade et la plongée en apnée, avec une vie marine vibrante visible juste au large. Les services de sauveteurs assurent une expérience sûre pour les amateurs de plage de tous âges. Encadrée par le majestueux Mauna Kea en arrière-plan, la plage d'Hapuna n'est pas seulement un délice visuel, mais aussi une porte d'entrée vers les activités de plein air, notamment le pique-et le bodyboard. L'accessibilité et les installations de la plage, y compris les toilettes et un grand parking, en font une destination familiale, invitant les habitants et les visiteurs à se livrer au paradis ensoleillé de Hapuna Beach.

Sentier ferroviaire du cratère Koko (Oahu) : Le sentier ferroviaire du cratère Koko à Oahu est une expérience de randonnée unique et stimulante qui mène les aventuriers le long d'une ancienne voie ferrée jusqu'au sommet du cratère Koko. Construit à l'origine pendant la Seconde Guerre mondiale, le sentier suit le tracé d'un ancien tramway incliné utilisé pour transporter des fournitures vers un poste d'observation. Aujourd'hui, il offre un entraînement rigoureux avec un total de 1 048 marches faites de traverses de chemin de fer en bois, gravissant les pentes abruptes du cratère. Au fur et à mesure que les randonneurs montent, des vues panoramiques se déploient, révélant l'océan Pacifique et les paysages accidentés de l'est d'Oahu. Le sommet récompense les intrépides avec un panorama à couper le souffle sur la baie de Hanauma, la chaîne de montagnes Koolau et la vaste étendue de la côte sud-est. L'ascension difficile est contrebalancée par la satisfaction de conquérir le « Stairmaster from Hell », comme on l'appelle affectueusement, ce qui fait du sentier ferroviaire du cratère Koko un choix populaire pour ceux qui recherchent à la fois un défi physique et des vues époustouflantes sur Oahu.

Musées et galeries immersifs

1. **Musée Bishop (Honolulu, Oahu) :**

   ○ Adresse : 1525 Bernice Street, Honolulu, HI 96817

   ○ Description : Dédié à la préservation et au partage de l'histoire et de la culture d'Hawaï, le Bishop Museum présente des expositions sur l'histoire naturelle, les artefacts hawaïens et les îles du Pacifique.

2. **Musée d'art d'Honolulu (Honolulu, Oahu) :**

   ○ Adresse : 900 S Beretania St, Honolulu, HI 96814

   ○ Description : Offrant une vaste collection d'art asiatique, européen et américain, le musée d'art d'Honolulu présente des peintures, des sculptures et des arts décoratifs.

3. **Musée d'art d'État d'Hawaï (Honolulu, Oahu) :**

   ○ Adresse : 250 South Hotel Street, deuxième étage, Honolulu, HI 96813

   ○ Description : Connu sous le nom de HiSAM, ce musée présente de l'art hawaïen contemporain et traditionnel, notamment des peintures, des sculptures et des installations multimédias.

4. **Centre Culturel Polynésien (Laie, Oahu) :**

   ○ Adresse : 55-370 Kamehameha Hwy, Laie, HI 96762

- Description : Bien qu'il ne s'agisse pas d'un musée traditionnel, le Centre culturel polynésien propose des expériences immersives mettant en valeur les cultures d'Hawaï et d'autres îles polynésiennes.

5. **Palais Iolani (Honolulu, Oahu) :**

- Adresse : 364 S King St, Honolulu, HI 96813

- Description : Seul palais royal des États-Unis, le palais Iolani préserve l'histoire de la monarchie hawaïenne et sert de symbole de la royauté hawaïenne.

6. **Musée de l'aviation du Pacifique Pearl Harbor (Honolulu, Oahu) :**

- Adresse : 319 Lexington Blvd, Honolulu, HI 96818

- Description : Situé sur l'île Ford, ce musée se concentre sur l'histoire de l'aviation dans le Pacifique, avec des expositions abritées dans des hangars historiques.

7. **Centre des arts et de la culture de Maui (Kahului, Maui) :**

- Adresse : 1 Cameron Way, Kahului, HI 96732

- Description : Servant de principal lieu artistique et culturel de Maui, ce centre accueille une variété de spectacles, d'expositions et de programmes éducatifs.

8. **Société des arts de Lahaina (Lahaina, Maui) :**

o Adresse : Ancien palais de justice de Lahaina, 648 Wharf St, Lahaina, HI 96761

o Description : Située dans le palais de justice historique, cette galerie présente les œuvres d'artistes locaux de Maui.

9. **Musée Lyman et Maison de la Mission (Hilo, Île d'Hawaï) :**

o Adresse : 276 Haili St, Hilo, HI 96720

o Description : Présentant des expositions sur l'histoire naturelle, la culture et la vie missionnaire hawaïennes, ce musée offre un aperçu complet du passé d'Hawaï.

Festivals et événements

1. **Merrie Monarch Festival (Hilo, île d'Hawaï) :**

   o Célébré chaque année en avril, le Merrie Monarch Festival est l'un des événements de hula les plus importants d'Hawaï. Il propose des compétitions de hula, des expositions et un défilé royal en l'honneur du roi David Kalakaua, connu sous le nom de « Merrie Monarch ».

2. **Festivals d'Aloha (diverses îles) :**

   o Organisés tout au long du mois de septembre, les festivals Aloha célèbrent la culture et les traditions hawaïennes. Les événements comprennent des défilés floraux, des fêtes de rue, des spectacles de musique et le drapé cérémoniel des statues avec des leis floraux.

3. **Festival d'Honolulu (Honolulu, Oahu) :**

   o Généralement organisé en mars, le festival d'Honolulu met en valeur les diverses cultures du Pacifique à travers les arts et les divertissements. Le grand défilé, les expositions culturelles et les feux d'artifice contribuent à cette célébration vibrante.

4. **Festival culturel du café de Kona (Kona, île d'Hawaï) :**

o Se déroulant en novembre, ce festival met à l'honneur le café de renommée mondiale de Kona. Les événements comprennent des dégustations de café, des visites de fermes et des activités culturelles, offrant une expérience riche aux amateurs de café.

5. **Championnat du monde Ironman (Kailua-Kona, Hawaï) :**

o Se déroulant en octobre, le championnat du monde Ironman est un événement de triathlon prestigieux qui attire des athlètes d'élite du monde entier. Les compétiteurs nagent, font du vélo et courent sur des parcours difficiles avec en toile de fond les paysages pittoresques de Kona.

6. **Festival du film de Maui (Wailea, Maui) :**

o Généralement organisé en juin, le Festival du film de Maui célèbre le cinéma avec des projections en plein air, des premières et des événements. Les participants peuvent profiter de films sous le ciel étoilé hawaïen dans un cadre unique et pittoresque.

7. **Célébration de la Journée du Roi Kamehameha (Diverses îles) :**

o Célébrée le 11 juin, la Journée du roi Kamehameha honore le premier roi d'Hawaï, Kamehameha le Grand. Les festivités comprennent des défilés, des décorations florales et le drapé de leis sur les statues du roi.

8. **Festival international du film d'Hawaï (Honolulu, Oahu) :**

   o Habituellement organisé en novembre, ce festival du film présente une sélection variée de films de la région Asie-Pacifique. Il offre une plate-forme d'échange culturel à travers le cinéma et attire les cinéastes et les cinéphiles.

9. **Célébration de la journée de Lei (diverses îles) :**

   o Organisé le 1er mai, le Lei Day est une célébration du lei hawaïen à l'échelle de l'État. Les festivités comprennent des démonstrations de fabrication de lei, des concours et le partage de l'esprit aloha à travers le don et la réception de leis.

10. **Festival du chocolat et du café de Kauai (Hanapepe, Kauai) :**

    o Habituellement organisé en octobre, ce festival célèbre les industries du chocolat et du café de Kauai. Les événements comprennent des dégustations, des visites de fermes et des démonstrations, mettant en valeur la générosité agricole de l'île.

11. **HawaiiCon (côte de Kohala, île d'Hawaï) :**

    o Célébrée chaque année en septembre, HawaiiCon combine la science-fiction, la fantaisie et la culture pop avec des influences hawaïennes. L'événement propose des invités célèbres, des tables rondes et des expériences interactives pour les fans de tous âges.

12. **Festival du film de Big Island (Waikoloa, île d'Hawaï) :**

○ Célébré en mai, ce festival de cinéma met en lumière le cinéma indépendant avec des projections, des discussions avec des cinéastes et des prix. L'événement vise à promouvoir la narration artistique et l'excellence cinématographique.

Parcs d'attractions et jardins botaniques

Parcs d'attractions :

1. **Centre Culturel Polynésien (Laie, Oahu) :**

   - Situé au 55-370 Kamehameha Hwy, Laie, HI 96762, le Centre culturel polynésien propose une expérience immersive mettant en valeur les cultures de diverses îles polynésiennes. Il propose des spectacles traditionnels, des activités pratiques et un luau sur le thème de la Polynésie.

2. **Wet'n'Wild Hawaï (Kapolei, Oahu) :**

   - Situé au 400 Farrington Hwy, Kapolei, HI 96707, Wet'n'Wild Hawaii est un parc aquatique avec une variété de toboggans, de piscines à vagues et d'attractions adaptées à tous les âges. Il offre une escapade rafraîchissante sur les rives ensoleillées d'Oahu.

3. **Sphère du Maui Ocean Center (Wailuku, Maui) :**

   - Situé au 192 Ma'alaea Rd, Wailuku, HI 96793, le Maui Ocean Center est un aquarium qui offre une expérience unique avec son théâtre 3D Sphere. Les visiteurs peuvent profiter de présentations sous-marines immersives et d'expositions sur la vie marine.

4. **Hawaii Children's Discovery Center (Honolulu, Oahu) :**

o Situé au 111 Ohe St, Honolulu, HI 96813, le Hawaii Children's Discovery Center est un musée interactif conçu pour les enfants. Il présente des expositions interactives axées sur la science, la culture et la créativité.

5. **Surf et mer de la baie de Kahaluu (Kailua-Kona, île d'Hawaï) :**

o Située au 78-6685 Alii Dr, Kailua-Kona, HI 96740, cette destination propose diverses activités nautiques, notamment le stand-up paddle et la plongée en apnée. C'est un endroit populaire pour les familles et les amateurs d'eau.

Jardins botaniques :

1. **Vallée de Waimea (Haleiwa, Oahu) :**

o Située au 59-864 Kamehameha Hwy, Haleiwa, HI 96712, la vallée de Waimea est à la fois un jardin botanique et un site culturel. Il dispose de jardins luxuriants avec une collection variée de plantes, d'une cascade et de démonstrations culturelles.

2. **Jardin botanique de Hoomaluhia (Kaneohe, Oahu) :**

o Situé au 45-680 Luluku Rd, Kaneohe, HI 96744, le jardin botanique de Hoomaluhia s'étend sur 400 acres avec une grande variété de plantes, y compris une grande collection de palmiers. Les visiteurs peuvent explorer les jardins et profiter de vues panoramiques.

3. **Jardin et réserve de Limahuli (Hanalei, Kauai) :**

o Situé au 5-8291 Kuhio Hwy, Hanalei, HI 96714, Limahuli Garden & Preserve est un joyau botanique sur l'île de Kauai. Il se concentre sur la préservation des plantes hawaïennes indigènes et propose des visites guidées à travers ses paysages luxuriants.

4. **Arboretum de Lyon (Honolulu, Oahu) :**

o Situé au 3860 Manoa Rd, Honolulu, HI 96822, l'Arboretum de Lyon fait partie de l'Université d'Hawaï et présente diverses collections de plantes, y compris des espèces hawaïennes indigènes. Les visiteurs peuvent explorer les sentiers et les programmes éducatifs.

Hors des sentiers battus

Explorer hors des sentiers battus à Hawaï révèle des joyaux cachés, des paysages isolés et des expériences culturelles authentiques au-delà des destinations touristiques populaires. Voici quelques recommandations hors des sentiers battus pour chaque grande île :

Oahu:

1. **Sentier de la pointe Ka'ena :**

o Aventurez-vous à l'extrémité ouest d'Oahu jusqu'à Ka'ena Point. Ce sentier offre une randonnée côtière pittoresque, des observations de la faune et la chance de voir des albatros nicheurs.

2. **Chutes de Lulumahu :**

o Caché dans la luxuriante vallée de Nu'uanu, ce sentier mène à une cascade isolée entourée d'une végétation tropicale, offrant une évasion tranquille de la ville.

3. **Belvédère de Tantale :**

o Conduisez ou faites une randonnée jusqu'à Tantalus pour profiter d'une vue panoramique sur Honolulu et la côte sud. Le parc d'État de Pu'u Ualaka'a offre une retraite paisible.

Maui:

1. **Sentier de la source Waihou :**

   o Situé dans l'arrière-pays de Maui, ce sentier moins connu vous emmène à travers des forêts de bambous et des cascades, offrant une alternative plus calme aux randonnées plus fréquentées.

2. **Réserve forestière de Makawao :**

   o Le VTT ou la randonnée dans cette réserve forestière offrent une aventure insolite avec des vues panoramiques et une chance d'explorer l'écosystème unique des hautes terres.

Kauai:

1. **Sentier de la falaise de Nualolo :**

   o Accessible en bateau ou lors d'une randonnée difficile, le sentier de la falaise de Nualolo sur la côte de Na Pali offre une vue imprenable sur le littoral et un ancien village hawaïen.

2. **Sentier du patrimoine de Maha'ulepu :**

   o Ce sentier côtier sur la rive sud de Kauai mène à des plages isolées, des falaises calcaires et des formations géologiques fascinantes.

3. **Sentier des chutes de Waipo'o du canyon Waimea :**

   o Alors que Waimea Canyon est une attraction connue, le sentier des chutes de Waipo'o offre un chemin moins fréquenté vers une cascade magnifique, récompensant ceux qui souhaitent explorer.

Île d'Hawaï :

1. **Plage de sable vert de Papakolea :**

- o Accessible par une randonnée difficile ou une navette locale, Papakolea est l'une des rares plages de sable vert au monde, créée par des cristaux d'olivine.

2. **Vallée de Waimanu :**

- o Une randonnée épuisante ou un tour en hélicoptère mène à la vallée isolée de Waimanu, où des paysages luxuriants, des cascades et une plage de sable noir vous attendent.

3. **Baie d'Honomalino :**

- o Échappez à la foule en visitant ce joyau caché sur la côte de Kona, sur la grande île, où une plage de sable noir bordée de palmiers invite à la tranquillité.

Molokai:

1. **Parc historique national de Kalaupapa :**

- o Accessible à dos de mulet, à pied ou en petit avion, ce site historique préserve l'histoire des personnes touchées par la maladie de Hansen (lèpre).

2. **Vallée de Halawa :**

- o Aventurez-vous à l'extrémité est de Molokai pour trouver la vallée de Halawa, où des paysages luxuriants, d'anciens champs de taro hawaïens et les chutes de Moa'ula créent une scène pittoresque.

Lanai:

1. **Jardin des Dieux :**

o Connu pour ses formations rocheuses d'un autre monde, ce paysage isolé offre un environnement unique et surréaliste pour l'exploration.

2. **Plage de Polihua :**

o Accessible en 4x4, la plage de Polihua est une étendue de sable isolée et immaculée où les visiteurs peuvent profiter de la sérénité et souvent apercevoir des tortues de mer.

L'exploration de ces lieux hors des sentiers battus permet d'établir un lien plus intime avec la beauté naturelle et la richesse culturelle d'Hawaï.

Chapitre 2

Commencer

Moment idéal pour visiter

Le moment idéal pour visiter Hawaï dépend en grande partie de vos préférences, des activités souhaitées et de votre tolérance à la foule. Hawaï, avec ses microclimats diversifiés, offre un climat agréable tout au long de l'année, mais certaines saisons peuvent être plus adaptées à des intérêts spécifiques.

Haute saison (mi-décembre à mi-avril) :

La haute saison, qui coïncide avec l'hiver dans l'hémisphère nord, attire les visiteurs à la recherche d'une évasion tropicale des climats plus froids. Cette période est marquée par des températures relativement stables et confortables, ce qui en fait un moment idéal pour les activités de plage et les aventures en plein air. Cependant, il est crucial de noter que la haute saison signifie également des prix d'hébergement plus élevés, une foule accrue et des difficultés potentielles à obtenir des réservations pour les attractions populaires.

Saisons intermédiaires (de la mi-avril à juin, de septembre à la mi-décembre) :

Les saisons intermédiaires offrent un équilibre idéal entre la haute et la basse saison, offrant un équilibre entre le beau temps et la réduction de la foule. Pendant ces périodes, vous pourrez profiter de températures agréables, de paysages fleuris et d'une variété d'activités. Le printemps apporte des fleurs vibrantes et l'automne offre des mers plus calmes, ce qui en fait un excellent moment pour la plongée en apnée et la plongée.

Basse saison (mi-avril à juin, septembre à mi-décembre) :

Considérée comme la basse saison en raison de la diminution du nombre de visiteurs, cette période offre des options économiques et une atmosphère plus détendue. Bien que le temps reste favorable, avec des températures allant toujours de chaudes à chaudes, il y a plus de chances de pluie occasionnelle. La basse saison est particulièrement attrayante pour les voyageurs soucieux de leur budget et ceux qui recherchent une expérience plus calme.

Considérations spécifiques :

1. **Observation des baleines (décembre à avril) :**

   o L'hiver est la saison idéale pour l'observation des baleines, en particulier à Maui et sur la Grande Île. Les baleines à bosse migrent vers les eaux hawaïennes pendant cette période, offrant d'excellentes possibilités d'observation des baleines.

2. **Surf (novembre à février) :**

o Les mois d'hiver apportent des houles plus importantes et plus constantes, attirant les surfeurs sur les côtes nord d'Oahu et de Maui. Si vous êtes un passionné de surf ou si vous aimez regarder des professionnels surfer sur des vagues massives, c'est le moment de visiter.

3. **Randonnée pédestre et activités de plein air (d'avril à octobre) :**

o Pour les randonnées et les aventures en plein air, la période d'avril à octobre est généralement favorable. Les sentiers sont plus secs et le temps est propice à l'exploration des paysages variés des îles.

4. **Festivals et événements culturels (toute l'année) :**

o Hawaï accueille divers festivals et événements culturels tout au long de l'année. Consulter le calendrier local peut vous aider à aligner votre visite sur les célébrations, les spectacles de hula et d'autres expériences culturelles.

5. **Plongée et snorkeling (mai à septembre) :**

o Bien que les activités nautiques soient possibles toute l'année, la période de mai à septembre offre généralement des eaux plus claires, ce qui en fait un excellent moment pour la plongée et la plongée en apnée.

Considérations importantes :

- **Foules et hébergements :**

  o Il est crucial de réserver son hébergement bien à l'avance, surtout en haute saison. Les attractions et activités populaires peuvent également nécessiter des réservations.

- **Variabilité météorologique :**

  o Les divers microclimats d'Hawaï signifient que les conditions météorologiques peuvent varier. Alors qu'un côté d'une île peut connaître du soleil, l'autre peut avoir des averses occasionnelles. Vérifier les prévisions météorologiques locales peut aider à planifier les activités en conséquence.

Le meilleur moment pour visiter Hawaï dépend de vos priorités et de vos préférences. Que vous recherchiez des conditions météorologiques optimales, que vous souhaitiez éviter les foules ou que vous souhaitiez participer à des activités spécifiques, Hawaï offre quelque chose pour chaque voyageur tout au long de l'année. Tenez toujours compte de facteurs tels que le budget, la météo et les intérêts personnels lors de la planification de votre visite dans ce paradis tropical.

Conditions d'entrée et visas

Exigences en matière de visa :

Pour les citoyens de nombreux pays, y compris ceux du programme d'exemption de visa (VWP), un visa n'est pas nécessaire pour les courts séjours à des fins touristiques ou d'affaires. Les voyageurs en provenance des pays VWP peuvent entrer aux États-Unis jusqu'à 90 jours sans obtenir de visa, mais ils doivent obtenir une autorisation via le système électronique d'autorisation de voyage (ESTA) avant d'embarquer sur leur vol.

Si vous n'êtes pas originaire d'un pays VWP, vous devrez peut-être demander un visa à l'ambassade ou au consulat des États-Unis dans votre pays d'origine avant de vous rendre à Hawaï.

ESTA (Système Électronique d'Autorisation de Voyage) :

L'ESTA est un système automatisé qui détermine l'éligibilité des visiteurs à voyager aux États-Unis dans le cadre du VWP. Il est recommandé de faire une demande d'ESTA bien avant la date prévue de votre voyage. L'approbation est généralement valide pendant deux ans ou jusqu'à l'expiration de votre passeport, selon la première éventualité.

Exigences en matière de passeport :

Tous les voyageurs internationaux à destination d'Hawaï doivent être munis d'un passeport valide. Il est important de vérifier la date d'expiration de votre passeport ; il doit être valide pendant au moins six mois après la date prévue de votre départ des États-Unis.

Déclaration en douane :

À leur arrivée à Hawaï, tous les voyageurs internationaux doivent passer par le Service des douanes et de la protection des frontières des États-Unis (CBP). Vous devrez remplir un formulaire de déclaration en douane, qui comprend des informations sur les articles que vous apportez dans le pays. Familiarisez-vous avec les réglementations douanières pour éviter tout problème lors du processus d'entrée.

Assurance voyage :

Bien qu'il ne s'agisse pas d'une obligation de visa ou d'entrée, il est conseillé d'avoir une assurance voyage qui couvre les frais médicaux potentiels et les événements imprévus pendant votre séjour. Cela peut vous apporter une tranquillité d'esprit en cas d'urgence.

Il est important de noter que les conditions d'entrée et les réglementations en matière de visas sont susceptibles d'être modifiées en fonction des accords internationaux, des préoccupations en matière de sécurité et des considérations de santé publique.

Se rendre à Hawaï

Se rendre à Hawaï, un archipel isolé du Pacifique central, implique une planification minutieuse et l'examen des options de transport disponibles. Les principaux modes de transport vers Hawaï sont l'avion ou le bateau de croisière, chacun offrant ses propres avantages et considérations.

En avion :

1. Aéroports à Hawaï :

Hawaï est desservie par plusieurs grands aéroports, les deux principales portes d'entrée internationales étant l'aéroport international Daniel K. Inouye (HNL) à Honolulu sur Oahu et l'aéroport de Kahului (OGG) à Maui. Les autres grands aéroports sont l'aéroport international de Kona (KOA) sur l'île d'Hawaï, l'aéroport de Lihue (LIH) sur l'île de Kauai et l'aéroport international de Hilo (ITO) sur l'île d'Hawaï.

2. Vols internationaux :

Les voyageurs à destination d'Hawaï en provenance de destinations internationales atterrissent généralement à l'aéroport d'Honolulu ou de Kahului. Des vols directs vers Hawaï sont disponibles depuis diverses villes des États-Unis, du Canada, d'Asie et d'Océanie.

3. Vols vers la partie continentale des États-Unis :

Pour ceux qui voyagent depuis le continent américain, de nombreuses compagnies aériennes proposent des vols sans escale vers Hawaï depuis les grandes villes comme Los Angeles, San Francisco, Seattle, etc. La durée des vols peut varier en fonction de la ville de départ, les vols au départ de la côte ouest prenant environ 5 à 6 heures.

4. Vols de correspondance :

S'il n'y a pas de vols directs depuis votre emplacement, les vols de correspondance sont fréquents. De nombreux voyageurs se connectent via les principaux hubs continentaux comme l'aéroport international de Los Angeles (LAX) ou l'aéroport international de San Francisco (SFO).

5. Vols interinsulaires :

Une fois à Hawaï, si vous prévoyez de visiter plusieurs îles, les vols inter-îles sont une option pratique. Plusieurs compagnies aériennes proposent des vols courts entre les îles, ce qui rend le saut d'île en île accessible et efficace.

6. Conseils de voyage :

- **Réservation à l'avance :** Les vols à destination d'Hawaï peuvent se remplir rapidement, surtout pendant les heures de pointe. Il est conseillé de réserver votre vol bien à l'avance pour obtenir les meilleurs prix et assurer la disponibilité.

- **Dates flexibles :** Si vos dates de voyage sont flexibles, vous pouvez trouver de meilleures offres en ajustant votre itinéraire pour éviter les heures de pointe.

- **Assurance voyage :** Compte tenu des risques de retards ou d'annulations de vols, la souscription d'une assurance voyage peut vous procurer la tranquillité d'esprit.

En bateau de croisière :

1. Croisières à Hawaï :

Les bateaux de croisière offrent un moyen unique et tranquille d'atteindre Hawaï. Alors que de nombreuses croisières à destination d'Hawaï partent de la côte ouest des États-Unis, certaines partent également d'endroits comme Vancouver, au Canada. Les croisières s'arrêtent généralement sur plusieurs îles hawaïennes, offrant aux passagers la possibilité d'explorer différentes parties de l'archipel.

2. Durée et itinéraire :

La durée d'une croisière à Hawaï peut varier, certaines croisières durant environ deux semaines. L'itinéraire comprend souvent des arrêts dans les principaux ports, tels que Honolulu, Maui, Kauai et Hilo. Certaines croisières peuvent également inclure des visites vers d'autres destinations du Pacifique.

3. Croisiéristes :

Plusieurs compagnies de croisière proposent des itinéraires vers Hawaï, et la disponibilité des croisières peut dépendre de la période de l'année. Les compagnies de croisière populaires proposant des itinéraires hawaïens comprennent Norwegian Cruise Line, Princess Cruises et Royal Caribbean.

4. Avantages de la croisière :

- **Forfaits tout compris :** De nombreux forfaits de croisière sont tout compris, couvrant l'hébergement, les repas et les divertissements à bord. Cela peut simplifier la planification et la budgétisation des voyages.

- **Croisières panoramiques :** La croisière à Hawaï offre des vues imprenables lorsque vous vous approchez des îles par la mer. Les passagers peuvent profiter de la beauté de l'océan Pacifique et des paysages volcaniques des îles hawaïennes.

- **Destinations multiples :** Les croisières permettent aux voyageurs de visiter plusieurs îles hawaïennes sans avoir besoin de vols ou d'hébergements supplémentaires.

5. Considérations :

- **Disponibilité saisonnière :** Les croisières à Hawaï sont souvent saisonnières, avec plus d'options disponibles pendant les mois d'hiver. Il est essentiel de vérifier l'horaire et la disponibilité des croisières en fonction de vos dates de voyage préférées.

- **Temps limité sur les îles :** Bien que les croisières donnent un avant-goût de plusieurs îles, le temps passé sur chaque île est souvent limité. Ceux qui souhaitent explorer plus en profondeur des îles spécifiques préféreront peut-être prendre l'avion et rester sur la terre ferme.

Considérations finales :

1. Considérations budgétaires :

Qu'il s'agisse d'un vol ou d'une croisière, les considérations budgétaires jouent un rôle important. Bien que les croisières puissent proposer des forfaits tout compris, les vols et l'hébergement pour les séjours avant et après la croisière doivent être pris en compte dans le coût global.

2. Préférences personnelles :

En fin de compte, le choix entre le vol et la croisière dépend des préférences personnelles, des objectifs de voyage et du rythme d'exploration souhaité. Certains peuvent préférer la commodité et la vitesse du vol, tandis que d'autres peuvent opter pour l'expérience tranquille et pittoresque de la croisière.

Se rendre à Hawaï en avion ou en bateau offre des expériences distinctes, et le choix dépend des préférences individuelles, des objectifs de voyage et des considérations logistiques.

Chapitre 3

Informations pratiques

Étiquette et traditions locales

L'étiquette et les traditions locales à Hawaï impliquent d'embrasser l'esprit de l'aloha, la pierre angulaire de la culture hawaïenne. Avec sa population diversifiée et sa riche histoire, Hawaï possède un ensemble unique de coutumes et de traditions que les visiteurs sont encouragés à respecter et à participer. Comprendre et pratiquer l'étiquette locale améliore l'expérience globale et favorise un lien plus profond avec la communauté.

1. Embrassez l'esprit d'Aloha :

- **Salutation Aloha :** Le mot « aloha » a une signification profonde dans la culture hawaïenne, signifiant amour, paix et compassion. Il est utilisé comme salutation et d'adieu, symbolisant un esprit chaleureux et accueillant. Lorsque vous interagissez avec les habitants, adoptez l'esprit aloha en utilisant le mot avec sincérité.

2. Respect de la nature :

- **Malama 'Aina :** Les Hawaïens ont un profond respect pour la terre, connue sous le nom de « malama 'aina ». Les visiteurs sont encouragés à pratiquer un tourisme responsable en respectant les milieux naturels, en restant sur les sentiers désignés et en évitant de nuire à la flore et à la faune.

3. Habillez-vous modestement :

- **Tenue décontractée de l'île :** Hawaï a un code vestimentaire décontracté, mais il est essentiel de s'habiller modestement lorsque vous entrez dans des sites sacrés, des lieux de culte ou des établissements haut de gamme. Les vêtements de plage sont adaptés à la plage, mais pas nécessairement à d'autres lieux publics.

4. Enlever les chaussures :

- **Entrer dans les maisons :** Il est de coutume d'enlever vos chaussures avant d'entrer dans la maison de quelqu'un à Hawaï. Cette pratique aide à garder les espaces intérieurs propres et s'aligne sur la valeur du maintien d'un milieu de vie harmonieux.

5. Le Faire preuve d'humilité et de modestie :

- **L'humilité dans le discours :** Les Hawaïens apprécient l'humilité dans les discours et les actions. Évitez les comportements vantards et pratiquez l'humilité, car cela s'aligne sur les valeurs culturelles de modestie et de respect des autres.

6. Le Culture du don :

- **Apporter des cadeaux :** Lorsque vous êtes invité chez quelqu'un, c'est un geste attentionné d'apporter un petit cadeau, comme des fleurs, un lei ou une friandise locale. Les cadeaux sont échangés dans un esprit de générosité et d'appréciation.

7. Le Utilisez et respectez les Leis :

- **Étiquette Lei appropriée :** Les lei ont une signification culturelle, symbolisant l'amour, l'amitié et la célébration. Lorsque l'on reçoit un lei, il est de coutume de l'accepter avec gratitude. Il est considéré comme respectueux de porter le lei pendant toute la durée de la cérémonie de remise des cadeaux.

8. Le Respecter les sites sacrés :

- **Heiau et lieux sacrés :** Hawaï abrite des sites sacrés, tels que les heiau (temples). Lorsque vous visitez ces endroits, maintenez un comportement respectueux, suivez les directives affichées et évitez toute action qui pourrait être considérée comme irrespectueuse.

9. Le Ponctualité et rythme détendu :

- **Heure de l'île :** Bien que la ponctualité soit généralement appréciée, Hawaï fonctionne selon un horaire plus détendu connu sous le nom de « temps de l'île ». Soyez compréhensif si les choses évoluent à un rythme plus lent et saisissez l'occasion de vous détendre et de profiter de l'atmosphère décontractée.

10. Utilisation du signe Shaka :

- **Geste shaka :** Le signe shaka, un geste de la main avec le pouce et l'auriculaire tendus, est un symbole de convivialité et de bonnes vibrations. Il est couramment utilisé à Hawaï comme un geste d'appréciation, de salutation ou d'expression d'une attitude positive.

11. Étiquette des pourboires :

- **Pratiques standard en matière de pourboires :** Les pourboires sont d'usage à Hawaï, comme dans le reste des États-Unis. Les pratiques standard en matière de pourboires s'appliquent, comme laisser 15 à 20 % aux serveurs de restaurant et donner un pourboire aux guides touristiques ou aux fournisseurs de services pour un service exceptionnel.

12. Festivals et événements locaux :

- **Participez respectueusement :** Hawaï accueille de nombreux festivals et événements célébrant son patrimoine culturel diversifié. Lorsque vous y assistez, respectez les traditions et les coutumes associées à chaque festival, contribuant ainsi à une atmosphère positive et inclusive.

13. Sensibilité culturelle :

- **Respectez les cultures autochtones :** Hawaï abrite à la fois des Hawaïens autochtones et diverses communautés. Abordez les pratiques et les traditions culturelles avec sensibilité, en vous renseignant sur l'histoire et la signification des coutumes afin d'éviter l'appropriation culturelle.

14. Étiquette de surf :

- **Respectez les règles du surf** : Si vous prévoyez de surfer, respectez l'étiquette du surf, y compris les règles de priorité et le respect de la culture locale du surf. Les habitants apprécient les visiteurs qui abordent les vagues avec humilité et courtoisie.

15. Comportement en public :

- **Comportement attentif : Le comportement** public est important à Hawaï, et les visiteurs sont encouragés à faire attention aux niveaux de bruit et à maintenir un comportement courtois, en particulier dans les zones résidentielles.

Naviguer dans l'étiquette et les traditions locales à Hawaï est un voyage d'immersion culturelle et de respect. Embrasser l'esprit de l'aloha, montrer du respect pour la nature et participer à des cérémonies traditionnelles contribuent à une expérience significative et enrichissante. Abordez toujours les traditions locales avec un cœur ouvert et une volonté d'apprendre, en favorisant le respect mutuel et l'appréciation entre les visiteurs et les communautés accueillantes des îles hawaïennes.

Conseils d'emballage

Faire ses valises pour un voyage à Hawaï nécessite une attention particulière au climat tropical, à la diversité des activités et aux expériences culturelles. Que vous vous rendiez à la plage, que vous exploriez des paysages volcaniques ou que vous assistiez à un luau, voici quelques conseils essentiels pour vous assurer que vous êtes bien préparé pour votre aventure hawaïenne :

1. Vêtements légers :

- **Tenue décontractée :** Emportez des vêtements légers et respirants adaptés à un climat tropical. Les tissus en coton et en lin sont d'excellents choix. Apportez des tenues décontractées pour les excursions de jour et l'exploration des îles.

2. Maillots de bain :

- **Plusieurs maillots de bain :** Avec de nombreuses belles plages et des possibilités d'activités nautiques, apportez plusieurs maillots de bain pour vous assurer d'en avoir toujours un sec disponible. Incluez un lycra pour vous protéger du soleil.

3. Protection solaire :

- **Crème solaire :** Le soleil d'Hawaï peut être intense. Emportez un écran solaire à indice de protection élevé et un baume à lèvres avec un écran solaire.

Envisagez des options sûres pour les récifs afin de protéger le délicat écosystème marin d'Hawaï.

- **Chapeau et lunettes de soleil** : Un chapeau à larges bords et des lunettes de soleil offrent une protection supplémentaire contre le soleil.

4. Chaussures :

- **Sandales confortables** : Apportez des sandales confortables pour les sorties à la plage et les promenades décontractées. Envisagez des options imperméables pour les activités nautiques.

- **Chaussures fermées** : Pour les randonnées et l'exploration des paysages volcaniques, emportez des chaussures fermées robustes avec une bonne traction.

5. Vêtements d'extérieur légers :

- **Veste ou pull léger** : Bien qu'Hawaï soit généralement chaud, les soirées ou les altitudes plus élevées peuvent être plus fraîches. Emportez une veste ou un pull léger pour ces occasions.

6. Sac à dos :

- **Petit sac à dos** : Un sac à dos compact est utile pour transporter l'essentiel lors d'excursions, de randonnées ou de sorties à la plage.

7. Articles de toilette respectueux des récifs :

- **Shampoing et savon sans danger pour les récifs :** Si vous prévoyez de nager dans l'océan, utilisez des articles de toilette sans danger pour les récifs afin de protéger l'environnement marin.

8. Le Adaptateurs de voyage :

- **Adaptateurs d'alimentation :** Assurez-vous d'avoir les adaptateurs d'alimentation appropriés pour charger vos appareils électroniques à Hawaï.

9. Le Équipement de plongée en apnée :

- **Masque et tuba :** Si vous prévoyez de faire de la plongée en apnée fréquemment, pensez à apporter votre propre masque et tuba pour un meilleur ajustement.

10. Bouteille d'eau portable :

- **Bouteille d'eau réutilisable :** Restez hydraté en transportant une bouteille d'eau réutilisable. Certaines attractions et visites peuvent ne pas fournir de plastiques à usage unique.

11. Documents de voyage :

- **Informations sur le vol et** l'hébergement : Imprimez ou enregistrez des copies numériques des détails de votre vol et de votre hébergement.

12. Serviette à séchage rapide :

- **Serviette en microfibre :** Une serviette compacte à séchage rapide est pratique pour les sorties à la plage et les activités nautiques.

13. Portable Charger:

- **Banque** d'alimentation : Gardez vos appareils chargés avec un chargeur portable, surtout si vous êtes absent pendant de longues périodes.

14. Housse de pluie pour sac à dos :

- **Housse de pluie :** Si vous prévoyez de faire beaucoup d'activités de plein air, une housse de pluie pour votre sac à dos peut être pratique.

15. Tenue culturelle :

- **Couvre-toi ou paréo :** Pour les visites de sites sacrés ou si vous prévoyez d'assister à des événements culturels, apportez un couvre-toi ou un sarong en signe de respect.

16. Outils de navigation :

- **Cartes :** Bien que les téléphones soient pratiques, il peut être utile d'avoir un appareil de cartographie physique, en particulier dans les régions les plus éloignées.

17. Sac de plage :

- **Sac de plage pliable :** Un sac de plage pliable est pratique pour transporter l'essentiel à la plage et peut être facilement emballé pour les excursions d'une journée.

Derniers conseils :

- **Vérifiez la météo :** La météo d'Hawaï peut varier d'une île à l'autre et d'une région à l'autre. Vérifiez les prévisions météorologiques avant de faire vos valises pour vous assurer que vous êtes prêt à faire face à différentes conditions.

- **Voyagez léger :** Gardez à l'esprit qu'Hawaï a une atmosphère détendue. Voyagez léger et concentrez-vous sur des vêtements polyvalents qui peuvent être mélangés et assortis.

Avec un emballage bien pensé, vous serez bien préparé pour profiter des divers paysages et expériences qu'Hawaï a à offrir.

Phrases locales de base

Apprendre des phrases locales de base lors de votre visite à Hawaï améliore votre expérience de voyage et favorise un lien plus profond avec la culture locale. Alors que l'anglais est la principale langue parlée à Hawaï, la langue hawaïenne, Olelo Hawaii, occupe une place particulière dans le cœur des habitants des îles. Voici un guide de quelques phrases et expressions essentielles qui vous aideront à naviguer dans les conversations et à vous immerger dans l'esprit de l'aloha :

Formules de politesse:

1. **Aloha** (Ah-loh-ha) - Pierre angulaire de la culture hawaïenne, « aloha » est utilisé comme salutation, adieu et expression d'amour et de compassion.

2. **Aloha kakahiaka** (Ah-loh-ha kah-kah-hee-ah-kah) - Bonjour.

3. **Aloha awakea** (Ah-loh-ha ah-wah-kay-ah) - Bon midi.

4. **Aloha ahiahi** (Ah-loh-ha ah-hee-ah-hee) – Bonsoir.

5. **Aloha auinala** (Ah-loh-ha ah-wee-no-lah) - Bon après-midi.

Expressions polies :

6. **Mahalo** (Mah-hah-loh) - Merci. Un mot essentiel pour exprimer la gratitude.

7. **Mahalo nui loa** (Mah-hah-loh new-ee loh-ah) - Merci beaucoup.

8. **Ke Akua pu a hui hou** (Kay Ah-koo-ah poo ah hoo-ee hoh) - Que Dieu soit avec vous jusqu'à ce que nous nous rencontrions à nouveau.

Conversations de base :

9. **Pehea 'oe ?** (Peh-heh-ah oh-eh) - Comment allez-vous ?

10.**Maika'i no au** (My-kah-ee noh ow) - Je suis bon.

11.**A'ole pilikia** (Ah-oh-leh pee-lee-kee-ah) - De rien, pas de problème.

Directions et emplacements :

12.**Mahea mai 'oe ?** (Mah-heh-ah my oh-eh) - D'où viens-tu ?

13.**I kai ka mokupuni o** _____ (Ee kah-ee kah moh-koo-poo-nee oh) - L'île de _____ est à la mer.

14.**I mauka ka mokupuni o** _____ (Ee mow-kah kah moh-koo-poo-nee oh) - L'île de _____ est à l'intérieur des terres.

15.**Kai** (Kah-ee) - Mer ou océan.

16.**Mauka** (Mow-kah) - Vers les montagnes ou vers l'intérieur des terres.

17.**Makai** (Mah-kah-ee) - Vers la mer ou l'océan.

Nourriture et restauration :

18. **Ono** (Oh-no) - Délicieux, savoureux.

19. **Pau hana** (Pow hah-no) - Après le travail, happy hour.

20. **'Ono grinds** ('Oh-no grinds) - Nourriture délicieuse.

21. **E komo mai** (Eh koh-moh my) - Bienvenue, entrez.

22. **Hele mai** (Hay-leh my) - Viens ici.

Heure et jours de la semaine :

23. **Aia i hea kou hale ?** (Eye-ah ee hay-ah koh hah-leh) - Où est ta maison ?

24. **Komo mai ka hale** (Koh-moh my kah hah-leh) - Entrez dans la maison, soyez le bienvenu.

25. **Wakea** (Wah-kay-ah) - Dimanche.

26. **Po'aono** (Poh-ah-oh-noh) - Samedi.

27. **Pulelehua** (Poo-leh-leh-leh-hoo-ah) - Papillon ; Vendredi.

28. **Po'alua** (Poh-ah-loo-loo-ah) - Mardi.

Nombres:

29. **'Ekahi** ('Eh-kah-hee) - Un.

30. **'Elua** ('Eh-loo-ah) - Deux.

31. **'Ekolu** ('Eh-koh-loo) - Trois.

32. **'Eha** ('Eh-hah) - Quatre.

33. **'Elima** ('Eh-lee-mah) - Cinq.

34. **'Eono** ('Eh-oh-no) - Six.

35. **'Ehiku** ('Eh-hee-koo) - Sept.

36. **'Ewalu** ('Eh-vah-loo) - Huit.

37. **'Eiwa** ('Eh-ee-vah) - Neuf.

38. **'Umi** ('Oo-me) - Dix.

Phrases courantes pour explorer :

39. **He nani kēia wahi** (Heh no-nee kay-ah wah-hee) - Cet endroit est magnifique.

40. **Ike 'ia kaua ma mua (** Ee-kay ee-kay ah-koo-ah mah moo-ah) - Voyons-nous à l'avenir (À plus tard).

41. **E pili mau na pomaika'i ia 'oe** (Ay pee-lee mow no poh-my-kah-ee ee-ah oh-eh) - Que les bénédictions soient toujours avec vous.

42. **Ha'ina 'ia mai ana ka puana (Hah-ee-no ee-ah my ah-ee ah-no** kah poo-ah-no) - L'histoire est racontée.

Expressions d'affection :

43. **Aloha wau ia 'oe** (Ah-loh-ha wow ee-ah oh-eh) – Je t'aime.

44. **Ke aloha o kahi me kahi** (Kay ah-loh-hah oh kah-hee may kah-hee) - Aimez-vous les uns les autres.

Événements culturels et cérémonies :

45. **Hula** (Hoo-lah) - La danse traditionnelle hawaïenne qui raconte une histoire à travers le mouvement.

46. **Lei** (Lay) - Une guirlande de fleurs, de coquillages ou d'autres matériaux donnés comme symbole d'affection ou de respect.

47. **Luau** (Loo-ow) - Un festin traditionnel hawaïen avec de la nourriture, de la musique et de la danse hula.

48. **Kumu hula** (Koo-moo hoo-lah) - Un professeur ou un maître de hula.

Expressions pour la nature et l'environnement :

49. **Mauna** (Mow-no) - Montagne.

50. **Moana** (Moh-ah-no) - Océan.

51. **Aina** (Eye-no) - Terre ; terre.

52. **Kai** (Kah-ee) - Cochon.

Expressions de surprise ou d'excitation :

53. **Pleurage!** (Wow) - Exprimer la surprise ou l'excitation.

54. **Ho'omaika'i !** (Hoh-oh-my-kah-ee) - Félicitations !

55. **Pau Hana !** (Pow hah-no) - Travail terminé, il est temps de se détendre.

Expressions météorologiques :

56. **Mālamalama ka lā** (Mah-lah-mah-lah-mah kah lah) - Le soleil brille.

57. **Ua ua** (Oo-ah oo-ah) - La pluie tombe.

58. **Makani** (Mah-kah-nee) - Vent.

59. **He makani leo leo** (Hay mah-kah-nee lay-oh lay-oh) - Une journée très venteuse.

Expressions d'adieu :

60. **A hui hou** (Ah hoo-ee hoh) - Jusqu'à ce que nous nous rencontrions à nouveau.

61. **A hui kaua (** Ah hoo-ee kow-ah) - Jusqu'à ce que nous nous rencontrions à nouveau (dit à deux personnes).

62. **A hui pō** (Ah hoo-ee poh) - Jusqu'à ce soir.

Saisissez l'occasion de vous connecter avec les habitants par le biais de la langue, et vous constaterez que l'esprit de l'aloha devient encore plus significatif tout au long de votre séjour.

Centres d'information touristique

1. Oahu :

- **Lieu :** Centre d'accueil des visiteurs de Waikiki

- **Adresse :** 2270 Kalakaua Avenue Suite #801, Honolulu, HI 96815

- **Téléphone :** +1 808-923-1811

- **Lieu :** Centre d'accueil des visiteurs de Pearl Harbor

- **Adresse :** 1 Arizona Memorial Place, Honolulu, HI 96818

- **Téléphone :** +1 808-422-2771

2. Maui :

- **Lieu :** Centre d'accueil des visiteurs de Lahaina

- **Adresse : Palais de justice de Lahaina,** 648 Wharf Street, Lahaina, HI 96761

- **Téléphone :** +1 808-667-9193

- **Lieu :** Informations pour les visiteurs de l'aéroport de Kahului

- **Adresse : Aéroport de Kahului** (OGG), 1 Kahului Airport Road, Kahului, HI 96732

3. Hawaï (Grande île) :

- **Lieu :** Centre d'accueil de Hilo

- **Adresse :** 140 rue Pauahi, Hilo, HI 96720

- **Téléphone :** +1 808-961-5797

- **Lieu :** Informations pour les visiteurs de l'aéroport international de Kona

- **Adresse :** Aéroport international de Kona (KOA), 73-200 Kupipi Street, Kailua-Kona, HI 96740

4. Kauai :

- **Lieu :** Centre d'accueil des visiteurs de Kauai

- **Adresse :** 4334 Rice Street, Lihue, HI 96766

- **Téléphone :** +1 808-245-3971

- **Lieu :** Informations pour les visiteurs de l'aéroport de Lihue

- **Adresse :** Aéroport de Lihue (LIH), 3901 Mokulele Loop, Lihue, HI 96766

Ces centres d'information touristique fournissent généralement des cartes, des brochures et des conseils utiles sur les attractions, les activités et les services locaux.

Personnes à contacter en cas d'urgence

Voici quelques personnes à contacter en cas d'urgence pour diverses situations :

1. Services généraux d'urgence :

- **Urgences : 911**

  - Appelez le 911 pour obtenir une assistance immédiate en cas d'urgence, y compris les urgences médicales, les accidents ou les crimes.

2. Urgences médicales :

- **Services médicaux d'urgence (SMU) : 911**

  - En cas d'urgence médicale, y compris les accidents, les blessures ou les maladies soudaines, composez le 911 pour demander une ambulance.

3. La police :

- **Urgences : 911**

  - Pour une assistance policière immédiate en cas de crime ou d'urgence.

- **Contact non urgent avec la police :**

  - Numéros de téléphone du service de police local (varie selon l'île) :

    - Oahu (Honolulu) : +1 808-529-3111

- Maui : +1 808-244-6400

- Hawaï (Big Island) : +1 808-935-3311

- Kauai : +1 808-241-1711

4. Service d'incendie :

- **Urgences : 911**

o Pour les urgences d'incendie ou les situations de sauvetage.

- **Contact incendie non urgent :**

o Numéros de téléphone du service d'incendie local (varie selon l'île) :

- Oahu (Honolulu) : +1 808-723-7139

- Maui : +1 808-984-8200

- Hawaï (Big Island) : +1 808-932-2900

- Kauai : +1 808-241-4985

5. Garde côtière :

- **Urgences de recherche et de sauvetage (SAR) : 911**

o La Garde côtière américaine s'occupe des opérations de recherche et de sauvetage en cas d'urgence maritime.

- **Personne-ressource non urgente de la Garde côtière :**

  o Secteur Honolulu (Oahu) : +1 808-842-2600

6. Contrôle des poisons :

- **Centre antipoison d'Hawaï : +1 800-222-1222**

  o Appelez pour obtenir une assistance immédiate en cas d'intoxication ou d'exposition à des substances toxiques.

7. Installations médicales :

- **Hôpitaux locaux :**

  o Des soins médicaux d'urgence sont disponibles dans les hôpitaux de toutes les îles. Voici quelques-uns des principaux hôpitaux :

    ▪ Centre médical Queen's (Oahu) : +1 808-691-1000

    ▪ Maui Memorial Medical Center (Maui) : +1 808-244-9056

    ▪ Centre médical Hilo (Big Island) : +1 808-932-3000

    ▪ Centre médical Wilcox (Kauai) : +1 808-245-1100

8. Croix-Rouge américaine :

- **Chapitre d'Hawaï : +1 808-734-2101**

- La Croix-Rouge américaine fournit des secours, un soutien et une éducation en cas de catastrophe.

9. Le Météo et catastrophes naturelles :

- **Service météorologique national (NWS) :**

- Pour les alertes météorologiques et les informations sur les catastrophes naturelles.

- **NWS Honolulu : +1 808-973-5286**

10. Le Chapitre 10. Ligne d'information pour les visiteurs :

- **Ligne d'assistance téléphonique pour les visiteurs de l'Autorité du tourisme d'Hawaï (HTA) : +1 808-587-2222**

- L'ETS fournit des informations et de l'aide aux visiteurs.

Suivez toujours les directives locales et restez informé des procédures d'urgence lorsque vous voyagez vers une nouvelle destination.

Conseils de sécurité

Assurer votre sécurité lors de votre visite à Hawaï implique une combinaison de pratiques générales de sécurité des voyages et de compréhension des considérations spécifiques aux îles. Ces conseils de sécurité vous aideront à passer une visite agréable et en toute sécurité :

1. Sécurité de l'eau :

- **Sensibilisation à l'océan :** Faites attention aux conditions océaniques, surtout si vous n'êtes pas un nageur expérimenté. Respectez les panneaux d'avertissement sur les courants et les contre-courants.

- **Nagez dans les zones désignées :** Choisissez des plages surveillées et nagez dans les zones de baignade désignées.

- **Sécurité de la plongée en** apnée : Si vous faites de la plongée en apnée, soyez conscient de votre environnement, évitez de toucher le corail et utilisez un écran solaire sans danger pour les récifs.

- **Vérifiez les conditions météorologiques :** Soyez attentif aux conditions météorologiques changeantes, surtout si vous pratiquez des activités nautiques.

2. Sécurité au soleil :

- **Écran solaire :** Utilisez un écran solaire avec un FPS élevé pour vous protéger contre le fort soleil hawaïen.

- **Chapeau et lunettes de soleil :** Portez un chapeau à larges bords et des lunettes de soleil pour une protection solaire supplémentaire.

3. Randonnée et activités de plein air :

- **Restez sur les sentiers balisés :** Lorsque vous faites de la randonnée, respectez les sentiers balisés et suivez les directives affichées. Méfiez-vous des terrains accidentés et de la faune.

- **Eau et collations :** Emportez de l'eau et des collations, surtout pendant les longues randonnées. Restez hydraté dans le climat tropical.

- **Informez les autres :** Si vous partez en randonnée ou en plein air, informez quelqu'un de vos plans et de l'heure de retour prévue.

4. Sécurité de la faune :

- **Respectez la vie marine :** Gardez une distance de sécurité avec la vie marine lorsque vous faites de la plongée en apnée ou participez à des activités nautiques.

- **Ne nourrissez pas les animaux sauvages** : Évitez de nourrir les animaux sauvages, car cela peut perturber leur comportement naturel et présenter des risques pour les humains et les animaux.

5. Sensibilisation culturelle :

- **Demander la permission pour les photos** : Demandez la permission avant de prendre des photos de personnes, en particulier lors de cérémonies culturelles.

6. Préparation aux conditions météorologiques :

- **Vérifiez les mises à jour météorologiques** : Tenez-vous au courant des conditions météorologiques, surtout si vous planifiez des activités de plein air. Hawaï peut connaître des changements soudains de temps.

7. Sécurité des transports :

- **Conduisez prudemment** : Si vous louez une voiture, conduisez prudemment et respectez les règles de circulation locales. Certaines régions peuvent avoir des routes étroites ou sinueuses.

- **Transports en commun** : Si vous utilisez les transports en commun, soyez conscient des horaires et des arrêts. Planifiez vos itinéraires à l'avance.

8. Personnes à contacter en cas d'urgence :

- **Partager** l'itinéraire : partagez votre itinéraire de voyage et vos coordonnées avec une personne de confiance.

9. Le Considérations locales en matière de santé :

- **Restez hydraté :** En raison du climat chaud, restez hydraté en buvant beaucoup d'eau tout au long de la journée.

- **Méfiez-vous de la faune :** Méfiez-vous des créatures potentiellement dangereuses, telles que les méduses. Consultez les avis locaux.

10. Sécurisez vos objets de valeur :

- **Sécurisez vos** biens : Protégez vos biens, en particulier sur les plages et dans les zones touristiques bondées. Utilisez les coffres-forts de l'hôtel pour les objets de valeur.

11. Connaissez vos limites :

- **Limites physiques :** Soyez conscient de vos limites physiques, en particulier lorsque vous pratiquez des activités comme la randonnée ou les sports nautiques. Ne vous poussez pas au-delà de vos capacités.

12. Assurance voyage :

- **Souscrivez une assurance voyage :** Envisagez de souscrire une assurance voyage qui couvre les urgences médicales, les annulations de voyage et d'autres événements imprévus.

13. Restez informé(e) :

- **Mises à jour locales :** Restez informé des nouvelles et des mises à jour locales, en particulier en ce qui concerne les changements météorologiques ou les avis de sécurité.

N'oubliez pas que les pratiques de sécurité peuvent varier d'un endroit à l'autre et qu'il est crucial de s'adapter aux conditions spécifiques de chaque île. Faites toujours preuve de prudence, restez informé et respectez l'environnement et la culture locaux pour assurer une visite sûre et agréable à Hawaï.

Chapitre 4

Logement

Hôtels et centres de villégiature

Options budgétaires :

1. **Waikiki Beachside Auberge de jeunesse**

o **Adresse :** 2556 Lemon Road, Honolulu, HI 96815

o **Offres :** Hébergement en auberge de jeunesse avec dortoirs partagés et chambres privées. Une connexion Wi-Fi gratuite, une cuisine commune et une proximité avec la plage de Waikiki.

o **Prix :** À partir de 50 $ par nuit.

2. **HI Honolulu - Waikiki Auberge de jeunesse**

o **Adresse :** 2417 Prince Edward Street, Honolulu, HI 96815

o **Offres :** Auberge de jeunesse avec des chambres de style dortoir. Petit-déjeuner gratuit, cuisine commune et salon social.

o **Prix :** À partir de 60 $ par nuit.

3. **Hôtel Pagode**

o **Adresse :** 1525 Rycroft Street, Honolulu, HI 96814

- o **Offres :** Hôtel économique avec une piscine extérieure, un centre de remise en forme et un restaurant sur place.
- o **Prix :** À partir de 80 $ par nuit.

4. Hôtel Maui Seaside

- o **Adresse :** 100 West Kaahumanu Avenue, Kahului, HI 96732
- o **Offres :** Hôtel abordable avec une piscine extérieure, un restaurant et une navette aéroport gratuite.
- o **Prix :** À partir de 90 $ par nuit.

5. Hôtel Kauai Palms

- o **Adresse :** 2931 Kalena Street, Lihue, HI 96766
- o **Offres :** Hôtel économique avec jardins tropicaux, barbecue et petit-déjeuner continental gratuit.
- o **Prix :** À partir de 70 $ par nuit.

6. Hôtel Uncle Billy's Hilo Bay

- o **Adresse :** 87 Banyan Drive, Hilo, HI 96720
- o **Offres :** Hôtel au bord de l'eau avec des chambres simples, une piscine extérieure et un restaurant.
- o **Prix :** À partir de 80 $ par nuit.

7. Aston au Maui Banyan

- o **Adresse :** 2575 South Kihei Road, Kihei, HI 96753

- Offres : Hébergement de style condo avec kitchenette, piscines extérieures et courts de tennis.
- Prix : À partir de 100 $ par nuit.

8. **Hôtel Kona en bord de mer**

- **Adresse :** 75-5646 Palani Road, Kailua-Kona, HI 96740
- **Offres :** Hôtel au bord de l'eau avec des chambres simples, une piscine extérieure et un restaurant sur place.
- **Prix :** À partir de 90 $ par nuit.

9. **Auberge du volcan**

- **Adresse :** 19-3820 Old Volcano Road, Volcano, HI 96785
- **Offres :** Auberge confortable près du parc national des volcans d'Hawaï avec des chambres simples et un cadre pittoresque.
- **Prix :** À partir de 110 $ par nuit.

10. **Hôtel Coral Reef**

- **Adresse :** 75-5995 Alii Drive, Kailua-Kona, HI 96740
- **Offres : Hôtel en bord de mer** avec des chambres décontractées, une piscine extérieure et un restaurant en bord de mer.

- Prix : À partir de 120 $ par nuit.

Hôtels de milieu de gamme :

1. **Hilton Garden Inn Waikiki Beach**

- **Adresse :** 2330 Kuhio Avenue, Honolulu, HI 96815

- **Offres :** Hôtel moderne avec une piscine sur le toit, un centre de remise en forme et un restaurant sur place.

- **Prix :** À partir de 150 $ par nuit.

2. **Courtyard by Marriott Maui Kahului Airport**

- **Adresse :** 532 Keolani Place, Kahului, HI 96732

- **Offres :** Hôtel idéalement situé avec une cour, une piscine extérieure et un centre de remise en forme.

- **Prix :** À partir de 160 $ par nuit.

3. **L'ISO. Île. Ciel. Océan.**

- **Adresse :** 2863 Kalakaua Avenue, Honolulu, HI 96815

- **Offres :** Hôtel de charme avec des chambres en bord de mer, une piscine extérieure et un salon sur le toit.

- **Prix :** À partir de 170 $ par nuit.

4. **Hôtel Kauai Shores**

- **Adresse :** 420 Papaloa Road, Kapaa, HI 96746

- **Offres : Hôtel en bord de mer** avec des chambres colorées, des piscines extérieures et des restaurants en bord de mer.
- **Prix :** À partir de 180 $ par nuit.

5. **Sheraton Kona Resort & Spa à Keauhou Bay**
   - **Adresse :** 78-128 rue Ehukai, Kailua-Kona, HI 96740
   - **Offres :** Station en bord de mer avec piscines, un spa et plusieurs options de restauration.
   - **Prix :** À partir de 200 $ par nuit.

6. **Aston à Papakea Resort**
   - **Adresse :** 3543 Lower Honoapiilani Road, Lahaina, HI 96761
   - **Offres :** Resort de style condo avec jardins, piscines et vue sur l'océan.
   - **Prix :** À partir de 190 $ par nuit.

7. **Royal Lahaina Resort**
   - **Adresse :** 2780 Kekaa Drive, Lahaina, HI 96761
   - **Offres :** Station balnéaire avec ambiance hawaïenne traditionnelle, piscines et restaurants.
   - **Prix :** À partir de 220 $ par nuit.

8. **Hôtel hawaïen Hilo**

- o **Adresse :** 71 Banyan Drive, Hilo, HI 96720

- o **Offres :** Hôtel en bord de baie avec des chambres confortables, une piscine extérieure et une vue sur l'océan.

- o **Prix :** À partir de 180 $ par nuit.

9. **Lagons de Kauai du Marriott – Kalanipu'u**

- o **Adresse :** 3325 Holokawelu Way, Lihue, HI 96766

- o **Offres :** Resort haut de gamme avec des villas spacieuses, un parcours de golf et des piscines extérieures.

- o **Prix :** À partir de 250 $ par nuit.

10. **Station balnéaire de Hapuna**

- o **Adresse :** 62-100 Kauna'oa Drive, Kohala Coast, HI 96743

- o **Offres :** Resort de luxe avec un parcours de golf, plusieurs piscines et un restaurant en bord de mer.

- o **Prix :** À partir de 280 $ par nuit.

Hôtels de luxe :

1. **Les résidences Ritz-Carlton, Waikiki Beach**

- o **Adresse :** 383 Kalaimoku Street, Waikiki, Honolulu, HI 96815

- o **Offres :** Résidences de luxe avec vue sur l'océan, une piscine à débordement et des restaurants haut de gamme.
- o **Prix :** À partir de 500 $ par nuit.

2. **Four Seasons Resort Maui à Wailea**

- o **Adresse :** 3900 Wailea Alanui Drive, Wailea, HI 96753
- o **Offres :** Complexe exclusif avec des chambres spacieuses, des piscines, un spa et des restaurants gastronomiques.
- o **Prix :** À partir de 800 $ par nuit.

3. **Centre de villégiature St. Regis Princeville**

- o **Adresse :** 5520 Ka Haku Road, Princeville, HI 96722
- o **Offres :** Complexe de luxe avec une vue imprenable, un spa, des piscines et une cuisine raffinée.
- o **Prix :** À partir de 900 $ par nuit.

4. **Montage Baie de Kapalua**

- o **Adresse :** 1 Bay Drive, Lahaina, HI 96761
- o **Offres :** Élégantes villas en bord de mer, piscines, terrain de golf et restaurants haut de gamme.
- o **Prix :** À partir de 1 200 $ par nuit.

5. **Andaz Maui au Wailea Resort**

- o **Adresse :** 3550 Wailea Alanui Drive, Wailea, HI 96753

- Offres : Complexe élégant avec des chambres avec vue sur l'océan, des piscines, un spa et des repas de la ferme à la table.
- Prix : À partir de 700 $ par nuit.

6. **Le Kahala Hotel & Resort**

- **Adresse :** 5000 Kahala Avenue, Honolulu, HI 96816
- **Offres :** Resort exclusif en bord de mer avec des rencontres avec les dauphins, des piscines et des restaurants gastronomiques.
- **Prix :** À partir de 600 $ par nuit.

7. **Grand Hyatt Kauai Resort and Spa**

- **Adresse :** 1571 Poipu Road, Koloa, HI 96756
- **Offres :** Resort de luxe avec piscines, un parcours de golf, un spa et plusieurs options de restauration.
- **Prix :** À partir de 700 $ par nuit.

8. **Fairmont Orchid, Hawaï**

- **Adresse :** 1 North Kaniku Drive, Kohala Coast, HI 96743
- **Offres :** Resort haut de gamme avec des chambres en bord de mer, des piscines, un spa et une cuisine raffinée.
- **Prix :** À partir de 550 $ par nuit.

9. **Le Westin Hapuna Beach Resort**

- o **Adresse :** 62-100 Kauna'oa Drive, Kohala Coast, HI 96743

- o **Offres :** Luxe en bord de mer avec piscines, un terrain de golf et une cuisine raffinée.

- o **Prix :** À partir de 500 $ par nuit.

10. **Hôtel Halekulani**

- o **Adresse :** 2199 Kalia Road, Honolulu, HI 96815

- o **Offres :** Hôtel de luxe emblématique avec des chambres en bord de mer, des piscines et une cuisine raffinée.

- o **Prix :** À partir de 600 $ par nuit.

Chapitre 5

Se déplacer

Bus à Hawaii

Se déplacer en bus à Hawaï est un moyen pratique et pittoresque d'explorer les îles. Chaque grande île – Oahu, Maui, Hawaï (Big Island) et Kauai – dispose de son propre système de bus public, offrant aux résidents et aux visiteurs une option de transport abordable et respectueuse de l'environnement.

1. **Oahu:**

- o **TheBus : Le** système de bus public d'Oahu s'appelle « TheBus ». Il dessert Honolulu et d'autres grandes villes et villages de l'île.

- o **Itinéraires :** TheBus exploite un vaste réseau de lignes couvrant la majorité d'Oahu. Les informations sur les itinéraires, les horaires et les cartes sont disponibles sur le site Web de TheBus.

- o **Tarifs :** Les tarifs sont raisonnables et divers laissez-passer sont disponibles pour des trajets illimités pendant une période déterminée.

2. **Maui:**

- o **Maui Bus :** Le système de bus public de Maui est connu sous le nom de « Maui Bus ».

- Itinéraires : Le bus Maui a plusieurs itinéraires couvrant différentes zones de l'île, y compris Lahaina, Kihei, Kahului et Upcountry.

- Tarifs : Les tarifs sont généralement abordables et des réductions sont disponibles pour les personnes âgées, les étudiants et les personnes handicapées.

3. **Hawaï (Grande île) :**

- **Hele-On Bus :** Le système de bus public de la Grande Île s'appelle « Hele-On Bus ».

- Itinéraires : Hele-On Bus exploite des itinéraires entre les principales villes de l'île, y compris Hilo, Kona et Waimea.

- Tarifs : Les tarifs sont raisonnables et des laissez-passer sont disponibles pour les voyageurs fréquents.

4. **Kauai:**

- **Kauai Bus :** Le système de bus public de Kauai est connu sous le nom de « Kauai Bus ».

- Itinéraires : Le bus Kauai dessert différentes régions de l'île, reliant les grandes villes et les destinations populaires.

- Tarifs : Les tarifs sont abordables et divers laissez-passer sont disponibles pour les navetteurs réguliers.

5. **Molokai et Lanai :**

o **Molokai et Lanai n'ont pas de système de bus public.** Le transport sur ces îles se fait principalement en voiture de location ou en circuits organisés.

La plupart des services d'autobus fonctionnent selon un horaire fixe, et certains itinéraires peuvent avoir un service limité les week-ends et les jours fériés.

Taxis et covoiturage

Les taxis et les services de covoiturage jouent un rôle crucial dans le paysage des transports à Hawaï, offrant aux habitants et aux visiteurs des options pratiques et fiables pour se déplacer sur les îles.

Taxis traditionnels à Hawaï :

1. **Couverture du service :** Les taxis sont facilement disponibles dans les zones urbaines et autour des principales attractions, aéroports et hôtels sur les îles. Bien qu'ils soient un mode de transport courant dans des villes comme Honolulu, leur disponibilité est plus limitée dans les régions rurales ou moins peuplées.

2. **Structure tarifaire :** Les taxis à Hawaï fonctionnent généralement avec un système de tarification avec compteur. Le tarif comprend un tarif de base, avec des frais supplémentaires basés sur la distance parcourue et le temps passé en transit. Des frais supplémentaires s'appliquent parfois pour les bagages ou s'il y a plus d'un certain nombre de passagers.

3. **Taxis d'aéroport :** Dans les aéroports, les stations de taxis désignées offrent un processus simplifié permettant aux voyageurs d'accéder aux taxis. Les taxis d'aéroport ont souvent des tarifs fixes vers des destinations spécifiques, ce qui offre de la transparence aux passagers.

4. **Services hôteliers :** De nombreux hôtels à Hawaï disposent de stations de taxis ou de services facilement disponibles pour les clients. Les hôtels collaborent souvent avec des compagnies de taxi réputées pour assurer la sécurité et la commodité de leurs clients.

Services de covoiturage à Hawaï :

1. **Introduction du covoiturage :** Les services de covoiturage comme Uber et Lyft ont gagné en popularité à Hawaï, offrant une alternative aux taxis traditionnels. Ces services utilisent des applications pour smartphones pour mettre en relation les passagers et les conducteurs.

2. **Disponibilité de l'île :** Les services de covoiturage sont généralement disponibles sur les îles les plus peuplées, telles que Oahu et Maui. Sur les petites îles, la disponibilité des options de covoiturage peut être plus limitée.

3. **Prise en charge à l'aéroport :** Les services de covoiturage, y compris Uber et Lyft, sont autorisés à prendre des passagers dans des zones désignées dans les aéroports. Cela ajoute de la commodité pour les voyageurs arrivant à Hawaï.

4. **Réglementations locales :** L'industrie du covoiturage à Hawaï est soumise aux réglementations locales. L'État a mis en place des règles spécifiques pour assurer la sécurité et la fiabilité des services de covoiturage, y

compris la vérification des antécédents des conducteurs et l'inspection des véhicules.

Avantages des taxis et du covoiturage à Hawaï :

1. **Commodité :** Les taxis et les services de covoiturage offrent un transport porte-à-porte pratique, ce qui les rend adaptés aux voyageurs qui préfèrent une expérience sans tracas.

2. **Flexibilité :** Les taxis et les services de covoiturage offrent une flexibilité en termes d'itinéraires et d'horaires. Les passagers peuvent demander des trajets à la demande ou les programmer à l'avance.

3. **Accès à l'aéroport :** Les taxis et les services de covoiturage sont accessibles dans les principaux aéroports, ce qui permet aux voyageurs à l'arrivée et au départ de disposer d'options de transport pratiques.

4. **Options** de paiement : Les services de covoiturage permettent généralement aux passagers de payer via l'application, offrant ainsi un mode de paiement sans espèces et pratique. Les taxis proposent également diverses options de paiement, notamment en espèces et par carte de crédit.

5. **Connaissances locales :** Les taxis, conduits par des professionnels locaux, possèdent souvent une mine de connaissances sur la région. Ils peuvent vous donner un

aperçu des attractions locales, des options de restauration et des nuances culturelles.

6. **Mesures** de sécurité : Les taxis et les services de covoiturage mettent en œuvre des mesures de sécurité, telles que la vérification des antécédents des conducteurs et l'inspection des véhicules, pour assurer le bien-être des passagers.

7. **Tarification compétitive :** Les services de covoiturage présentent souvent des prix compétitifs, en particulier pendant les périodes de faible demande. Cela peut en faire un choix rentable pour les voyageurs soucieux de leur budget.

Défis et considérations :

1. Disponibilité dans les régions éloignées : Bien que les taxis soient généralement disponibles dans les zones urbaines, les services de covoiturage peuvent avoir une couverture limitée dans les régions éloignées ou moins peuplées des îles.

2. **Tarification dynamique :** Le modèle de tarification dynamique des services de covoiturage signifie que les tarifs peuvent augmenter pendant les heures de pointe, les événements ou la forte demande. Cette variabilité peut avoir une incidence sur les considérations budgétaires de certains passagers.

Les taxis et les services de covoiturage offrent des options de transport précieuses pour explorer les magnifiques îles d'Hawaï. Que vous préfériez la familiarité d'un taxi traditionnel ou la commodité d'une application de covoiturage, les deux services contribuent au réseau de transport diversifié et accessible de l'État d'Aloha.

Louer une voiture

La location d'une voiture est une option populaire et pratique pour explorer les îles d'Hawaï, offrant flexibilité et liberté de découvrir à la fois des attractions populaires et des joyaux hors des sentiers battus.

Louer une voiture à Hawaï :

1. **Agences** de location : De nombreuses agences de location de voitures opèrent à Hawaï, à la fois dans les aéroports et dans les grandes villes. Les grandes entreprises internationales, ainsi que les fournisseurs locaux, proposent une variété de véhicules pour répondre à différentes préférences et budgets.

2. **Réservation** à l'avance : Il est conseillé de réserver votre voiture de location à l'avance, en particulier pendant les saisons de pointe ou les événements spéciaux. Cela vous permet de disposer d'un plus grand choix de véhicules et d'obtenir souvent de meilleurs tarifs.

3. **Conditions** d'âge : L'âge minimum pour louer une voiture à Hawaï est généralement de 21 ans, bien que certaines agences puissent avoir des exigences d'âge minimum plus élevées ou des frais supplémentaires pour les conducteurs de moins de 25 ans.

4. **Permis de conduire :** Vous aurez besoin d'un permis de conduire valide pour louer une voiture à Hawaï. Les visiteurs internationaux ont besoin d'un permis de conduire international (PCI) en plus du permis de conduire de leur pays d'origine.

5. **Options** d'assurance : Les agences de location de voitures proposent généralement diverses options d'assurance, notamment l'exonération des dommages par collision (CDW), l'assurance responsabilité civile et l'assurance individuelle accident. Il est essentiel de comprendre la couverture offerte et d'envisager une assurance supplémentaire si nécessaire.

6. **Sélection du véhicule :** Choisissez un véhicule qui convient à vos besoins et au terrain sur lequel vous prévoyez naviguer. Les voitures compactes conviennent à la conduite en ville, tandis que les SUV ou les cabriolets peuvent être préférables pour explorer des zones plus accidentées ou pittoresques.

7. Lieux de prise en charge et **de restitution :** Les agences de location de voitures ont des lieux de prise en charge et de dépose dans les principaux aéroports et centres-villes. Assurez-vous de choisir un endroit pratique en fonction de vos projets de voyage.

8. **Politique** de carburant : Faites attention à la politique de carburant de la voiture de location. Certaines agences

fournissent un réservoir plein d'essence et exigent que vous le rendiez avec un réservoir plein, tandis que d'autres peuvent offrir une option d'achat de carburant à l'avance.

9. **Conducteurs supplémentaires** : Si plusieurs personnes conduisent la voiture de location, renseignez-vous sur le coût et les conditions d'ajout de conducteurs supplémentaires au contrat de location.

10. **Limites** de kilométrage : Soyez conscient des limites de kilométrage imposées par l'agence de location. Certaines locations sont assorties d'un kilométrage illimité, tandis que d'autres peuvent avoir des restrictions.

Conseils:

1. **Réservez tôt :** réservez votre voiture de location à l'avance, surtout si vous voyagez pendant la haute saison ou lors d'événements populaires. Cela vous permet d'accéder à de meilleurs tarifs et de garantir la disponibilité.

2. **Comprendre la couverture d'assurance :** Prenez le temps de comprendre la couverture d'assurance fournie par l'agence de location. Déterminez si vous avez besoin d'une couverture supplémentaire en fonction de vos projets de voyage et de vos préférences personnelles.

3. **Inspectez le véhicule :** Inspectez soigneusement la voiture de location avant de partir. Notez tout dommage existant et assurez-vous qu'il est documenté par l'agence de location pour éviter d'être tenu responsable des problèmes préexistants.
4. **GPS et navigation :** Envisagez de louer un GPS ou d'utiliser des applications de navigation sur votre téléphone pour vous aider à naviguer sur les îles. Certaines voitures de location peuvent être équipées de systèmes GPS.
5. **Respectez les règles de circulation locales :** Familiarisez-vous avec les règles de circulation locales, y compris les limites de vitesse et les règles de stationnement. Le code de la route d'Hawaï peut différer de celui de votre pays d'origine.
6. **Explorez les routes panoramiques :** Profitez de l'occasion pour explorer des routes panoramiques et des joyaux cachés qui ne sont peut-être pas facilement accessibles par les transports en commun.
7. **Préparez-vous aux conditions météorologiques :** La météo d'Hawaï peut varier et certaines régions peuvent connaître des changements soudains. Préparez-vous à la pluie, surtout si vous prévoyez d'explorer des attractions extérieures.
8. **Considérations relatives au stationnement :** Dans les zones urbaines et les sites touristiques populaires, le stationnement peut être limité.

9. **Restituez la voiture à l'heure :** respectez l'heure de restitution convenue pour la voiture de location afin d'éviter des frais supplémentaires. Tenez compte du temps de trajet et de la circulation potentielle lors de la planification de votre retour.

Louer une voiture à Hawaï ouvre un monde de possibilités d'exploration, vous permettant de créer votre itinéraire et de découvrir les îles à votre rythme. Restez toujours informé des conditions de location, conduisez prudemment et profitez de la liberté de la route lorsque vous vous lancez dans votre aventure hawaïenne.

Vélo et marche

Le vélo et la marche sont des moyens fantastiques d'explorer les magnifiques paysages et les communautés dynamiques d'Hawaï, offrant une connexion plus lente et plus intime avec les îles. Voiciun guide pour se déplacer à Hawaï à vélo et à pied :

Cyclisme:

1. **Location de vélos :** De nombreuses destinations touristiques et zones urbaines d'Hawaï proposent des services de location de vélos. Vous pouvez louer des vélos à l'heure ou pour toute la journée. Les magasins de location fournissent souvent des casques, des cadenas et des cartes pour votre commodité.

2. **Pistes cyclables et sentiers :** Certaines îles hawaïennes ont des pistes et des sentiers cyclables dédiés, offrant des itinéraires sûrs et pittoresques pour les cyclistes. Par exemple, Oahu possède la piste cyclable populaire du canal Ala Wai, et Maui propose la pittoresque balade à vélo dans le cratère Haleakalā.

3. **Zones adaptées aux cyclistes :** Explorez les zones adaptées aux cyclistes comme Waikiki à Honolulu, où les pistes cyclables et les pistes cyclables permettent de naviguer facilement dans la ville animée sur deux roues. Soyez conscient des règles de circulation locales et partagez la route de manière responsable.

4. **VTT :** Si vous êtes un cycliste aventureux, certaines îles, comme Maui et la Grande Île, offrent des sentiers de VTT à travers des paysages luxuriants et des terrains volcaniques.

5. **Visites** à vélo : Envisagez de participer à une visite guidée à vélo pour explorer des zones ou des attractions spécifiques. Les visites à vélo fournissent souvent des informations de guides locaux et garantissent une expérience sûre et agréable.

6. **Programmes** de vélos en libre-service : Dans certaines zones urbaines, les programmes de vélos en libre-service vous permettent de louer des vélos pour de courts trajets. Ces programmes ont généralement des stations de vélo désignées où vous pouvez prendre et déposer des vélos.

7. **Précautions de sécurité :** Donnez toujours la priorité à la sécurité. Portez un casque, respectez le code de la route et soyez prudent lorsque vous faites du vélo dans des zones inconnues. Le terrain diversifié d'Hawaï peut présenter des défis, alors choisissez des itinéraires qui correspondent à votre niveau de compétence.

Marche:

1. **Zones** conviviales pour les piétons : De nombreuses villes d'Hawaï ont des zones conviviales pour les piétons, en particulier dans les quartiers touristiques. Waikiki à

Honolulu, Lahaina à Maui et Kailua-Kona sur la Grande Île sont des exemples d'endroits avec des trottoirs animés et des quartiers commerçants.

2. **Promenades panoramiques :** Profitez de promenades pittoresques le long des plages, des fronts de mer et des parcs. La plage de Waikiki, par exemple, offre une belle promenade en bord de mer, tandis que le belvédère du canyon Waimea à Kauai offre des vues à couper le souffle accessibles par de courtes promenades.

3. **Sentiers de randonnée :** Hawaï est réputée pour ses sentiers de randonnée, permettant aux randonneurs d'explorer des paysages luxuriants, des cascades et des cratères volcaniques. Certains sentiers sont faciles et adaptés aux familles, tandis que d'autres offrent un terrain plus difficile pour les randonneurs expérimentés.

5. **Jardins** botaniques : Visitez les jardins botaniques où vous pourrez profiter de promenades tranquilles au milieu d'une flore diversifiée. Sur l'île d'Oahu, le jardin botanique de Foster et la vallée de Waimea sur la côte nord sont d'excellentes options.

6. **Promenades sur la plage :** De nombreuses plages d'Hawaï offrent de longues étendues de sable parfaites pour des promenades tranquilles. Les promenades au coucher du soleil le long du rivage sont particulièrement

populaires pour profiter des magnifiques couchers de soleil de l'île.

7. **Respectez la nature** : Lorsque vous vous promenez dans des espaces naturels, respectez l'environnement. Restez sur les sentiers désignés, évitez de déranger la faune et respectez les directives affichées.

Conseils généraux :

1. **Restez hydraté :** Le climat d'Hawaï peut être chaud, alors emportez de l'eau pour rester hydraté, surtout si vous marchez ou faites du vélo pendant une période prolongée.

2. **Protection solaire :** Utilisez un écran solaire, portez un chapeau et envisagez des vêtements légers pour vous protéger du soleil.

3. **Planifiez à** l'avance : Avant de vous lancer dans une excursion à vélo ou à pied, planifiez votre itinéraire, surtout si vous explorez des zones moins peuplées ou naturelles.

4. **Conseils locaux :** Demandez aux habitants ou aux centres d'accueil des visiteurs des recommandations sur les itinéraires panoramiques à pied ou à vélo et sur toute considération de sécurité.

5. **Vérification de l'équipement :** Si vous louez des vélos, vérifiez l'état de l'équipement avant de partir.

Pour les marcheurs, des chaussures confortables sont indispensables.

6. **Faites attention à la circulation :** Si vous faites du vélo sur les routes, faites attention à la circulation. Utilisez les pistes cyclables lorsqu'elles sont disponibles et respectez les règles de circulation.

Le vélo et la marche offrent des perspectives uniques sur les îles d'Hawaï, vous permettant de savourer la beauté naturelle et la richesse culturelle à un rythme tranquille. Donnez toujours la priorité à la sécurité, planifiez à l'avance et profitez du voyage en explorant les divers paysages et communautés qui font d'Hawaï une destination remarquable.

Chapitre 6

Cuisines et restaurants

Les meilleurs restaurants

Hawaï n'est pas qu'une question de plages, mais c'est aussi un paradis culinaire. Les îles regorgent de restaurants qui offrent un mélange de saveurs hawaïennes traditionnelles, d'influences de la côte du Pacifique et de cuisines internationales. Ils'agit d'un guide des meilleurs restaurants des îles hawaïennes, chacun contribuant à la diversité de la scène culinaire .

Oahu:

1. **Honolulu d'Alan Wong :**

- **Emplacement :** 1857 S King St, Honolulu, HI 96826

- **Cuisine :** Hawaïenne contemporaine

- **Vue d'ensemble :** Le chef Alan Wong est un pionnier de la cuisine régionale d'Hawaï. Son restaurant d'Honolulu présente une fusion d'ingrédients locaux et d'influences asiatiques. Des plats emblématiques comme l'Onaga en croûte de gingembre et les « sucettes » de homard à la noix de coco mettent en valeur l'excellence culinaire.

2. Le Waikiki de Roy :

- **Emplacement :** 226 Lewers St, Honolulu, HI 96815

- **Cuisine :** Fusion hawaïenne

- **Vue** d'ensemble : Roy's, fondé par le chef Roy Yamaguchi, propose une fusion de techniques européennes, de cuisine asiatique et d'ingrédients hawaïens locaux. Le menu varié comprend des spécialités comme le poisson-beurre Misoyaki et le soufflé fondant au chocolat chaud de Roy.

3. Waikiki du duc :

- **Emplacement :** 2335 Kalakaua Ave, Suite 116, Honolulu, HI 96815

- **Cuisine :** Pacific Rim

- **Vue d'ensemble :** Nommé d'après le légendaire surfeur Duke Kahanamoku, le Duke's Waikiki est réputé pour son emplacement en bord de mer et son menu qui célèbre les saveurs hawaïennes. Dégustez des plats classiques comme la tarte au hula tout en admirant la vue sur l'océan.

4. Hoku's au Kahala Hotel & Resort :

- **Emplacement :** 5000 Kahala Ave, Honolulu, HI 96816

- **Cuisine :** Pacific Rim

- **Vue d'ensemble :** Hoku's propose une expérience culinaire haut de gamme axée sur la cuisine de la côte du Pacifique. Le menu propose un mélange de fruits de mer locaux, de viandes de qualité supérieure et de desserts créatifs. Le cadre élégant de l'hôtel Kahala ajoute à l'expérience gastronomique globale.

Maui:

5. La maison du poisson de maman :

- **Emplacement :** 799 Poho Pl, Paia, HI 96779

- **Cuisine :** Fruits de mer hawaïens

- **Vue d'ensemble :** Situé dans la charmante ville de Paia, Mama's Fish House est réputé pour ses fruits de mer frais et son engagement à utiliser des ingrédients locaux. Le cadre en bord de mer et le menu qui change tous les jours ajoutent à l'attrait du restaurant.

6. La cuisine et la pâtisserie de Leoda :

- **Emplacement :** 820 Olowalu Village Rd, Honoapi'ilani Hwy, Lahaina, HI 96761

- **Cuisine :** Américaine, Comfort Food

- **Vue d'ensemble :** Leoda's est un magasin de tartes confortable avec une philosophie de la ferme à la table. Bien qu'il soit célèbre pour ses délicieuses tartes, les plats salés, les sandwichs et les salades sont tout aussi remarquables. C'est un excellent endroit pour un repas décontracté mais délicieux.

7. **Maui de Merriman :**

- **Emplacement :** 1 Bay Club Pl, Lahaina, HI 96761

- **Cuisine :** Hawaïenne Régionale

- **Vue d'ensemble :** Le chef Peter Merriman est un pionnier de la cuisine régionale d'Hawaï, et Merriman's Maui est l'incarnation de sa philosophie culinaire. Le restaurant met l'accent sur les ingrédients locaux et durables, et le menu reflète la diversité de l'agriculture et des fruits de mer hawaïens.

Grande île :

8. **Maison de plage de Brown :**

- **Emplacement :** 1 N Kaniku Dr, Kohala Coast, HI 96743

- **Cuisine :** Pacific Rim

- **Vue** d'ensemble : Situé dans le complexe hôtelier Fairmont Orchid, le Brown's Beach House propose une expérience culinaire sophistiquée dans un cadre en bord de mer. Le menu propose une fusion de saveurs de Pacific Rim, et la vaste carte des vins complète les offres culinaires.

9. **Hawaï appelle le restaurant et le salon :**

- **Emplacement :** 69-425 Waikoloa Beach Dr, Waikoloa Village, HI 96738

- **Cuisine :** Fusion hawaïenne

- **Vue d'ensemble :** Hawaii Calls est connu pour sa cuisine hawaïenne contemporaine, combinant des saveurs traditionnelles avec des techniques culinaires modernes. Le restaurant bénéficie d'une atmosphère détendue, ce qui en fait un endroit idéal pour un dîner spécial ou une célébration.

Kauai:

10. **Le restaurant de la maison de la plage :**

Emplacement : 5022 Lawai Rd, Koloa, HI 96756

Cuisine : Pacific Rim

Vue d'ensemble : Perché sur la magnifique rive sud de Kauai, le restaurant The Beach House offre une vue imprenable sur l'océan. Le menu propose une cuisine Pacific Rim mettant l'accent sur les fruits de mer frais, et l'expérience culinaire au coucher du soleil est inoubliable.

Lanai:

11. **Nobu Lanai :**

Emplacement : 1 Keomoku Hwy, Lanai City, HI 96763

Cuisine : Japonaise, Péruvienne

Vue d'ensemble : Nobu, fondé par le célèbre chef Nobu Matsuhisa, apporte son mélange signature de saveurs japonaises et péruviennes à Lanai. Situé dans le luxueux Four Seasons Resort Lanai, le restaurant propose une expérience culinaire exquise.

Molokai:

12. **Restaurant des pagayeurs :**

Emplacement : 1 Molokai Airport Rd, Kaunakakai, HI 96748

Cuisine : Hawaïenne, Américaine

Vue d'ensemble : Paddlers est un endroit local populaire offrant une atmosphère décontractée et décontractée. Connu pour sa cuisine hawaïenne et américaine, c'est un endroit idéal pour déguster un repas avec vue sur l'océan et le charme unique de l'île.

Ces restaurants ne représentent qu'un aperçu de la scène culinaire animée des îles hawaïennes. Qu'il s'agisse d'une cuisine raffinée en bord de mer ou de restaurants décontractés en bord de mer, chaque restaurant contribue à l'offre culinaire d'Hawaï . Gardez à l'esprit que la scène de la restauration peut évoluer, il est donc conseillé de vérifier les dernières informations, y compris les heures d'ouverture et tout changement potentiel, avant de planifier vos expériences culinaires à Hawaï.

Plats traditionnels à essayer

La scène culinaire d'Hawaï est influencée par les diverses cultures qui ont façonné les îles au fil des ans. Les plats traditionnels hawaïens incorporent souvent des ingrédients locaux comme des fruits de mer frais, du taro, des patates douces, de la noix de coco et des fruits tropicaux. Voici quelques plats traditionnels hawaïens à essayer lors de votre visite des îles :

1. Piquer :

- **Description :** Un plat hawaïen populaire et emblématique, le poke se compose de morceaux de poisson cru de la taille d'une bouchée (souvent du thon ahi) marinés dans un mélange de sauce soja, d'huile de sésame, d'oignons verts et d'autres assaisonnements. Les variations peuvent inclure des ingrédients comme les algues, l'avocat ou la noix de kukui.

2. Quatre Quatre :

- **Description : Le Lau** Lau consiste à envelopper du porc, du poisson-beurre (ou d'autres poissons) et parfois du poulet ou du bœuf dans des feuilles de taro. Le paquet est ensuite cuit à la vapeur jusqu'à ce que les saveurs se mélangent, créant un plat délicieux et savoureux.

3. Saumon Lomi Lomi :

- **Description** : Le saumon Lomi lomi est un plat rafraîchissant et vibrant à base de saumon frais coupé en dés, de tomates, d'oignons et d'oignons verts. Les ingrédients sont mélangés avec un léger assaisonnement de sel, créant ainsi une sorte de salsa hawaïenne.

4. Le Haupia :

- **Description** : Haupia est un dessert à base de lait de coco avec une consistance lisse et crémeuse, semblable au pudding. Il est généralement servi frais et peut être dégusté seul ou comme garniture pour d'autres desserts.

5. Le Alors:

- **Description** : Le poi est un aliment de base traditionnel hawaïen à base de racine de taro. Le taro est cuit, pilé et de l'eau est ajoutée pour obtenir une consistance collante, semblable à celle d'un pudding. Le poi peut aller du sucré à l'acide, et il est souvent servi avec d'autres plats.

6. Le Calamar Luau :

- **Description** : Le luau de calamar est un plat à base de tendres morceaux de calamars cuits dans du lait de coco et des feuilles de taro. Le résultat est un plat savoureux et légèrement sucré avec une couleur verte distinctive.

7. Le Assiette Déjeuner :

- **Description :** Un déjeuner à l'assiette est un favori local et se compose généralement d'une protéine (comme le poulet teriyaki, le porc kalua ou le loco moco) servie avec deux boules de riz et une salade de macaronis. C'est une option copieuse et copieuse appréciée à travers les îles.

8. Le Malasadas :

Description : Introduites par les immigrants portugais, les malasadas sont des beignets frits sans trou, souvent enrobés de sucre. C'est une friandise bien-aimée, et vous les trouverez dans de nombreuses boulangeries et festivals à travers Hawaï.

9. Le Poulet tardif tardif :

Description : Le poulet huli huli est un plat de barbecue hawaïen, généralement préparé en faisant griller du poulet mariné. La marinade comprend souvent de la sauce soja, du gingembre, de l'ail et parfois de l'ananas, ce qui donne au poulet une délicieuse saveur sucrée et salée.

10. Opihi :

Description : Les opihi sont de petites patelles qui s'accrochent aux rochers le long du rivage. Considérés comme un mets délicat, les opihi peuvent être consommés crus ou cuits et sont souvent dégustés avec un filet de sauce soja et un filet de citron vert.

11. Tarte Haupia aux patates douces :

Description : Ce délicieux dessert combine les saveurs de la patate douce et de la noix de coco sous forme de tarte. La couche de patates douces est complétée par une couche de haupia à base de lait de coco, créant une friandise délicieuse et unique.

Explorer les plats traditionnels hawaïens n'est pas seulement un voyage culinaire ; C'est une immersion dans le riche patrimoine culturel des îles. Qu'il s'agisse de savourer la fraîcheur du poke, les saveurs terreuses du lau lau ou la douceur du haupia, chaque plat raconte une histoire de l'histoire d'Hawaï et des diverses influences qui ont façonné sa cuisine. Gardez à l'esprit que la disponibilité de plats spécifiques peut varier d'une île à l'autre, et c'est toujours une bonne idée de demander aux habitants leurs recommandations lorsque vous recherchez une expérience culinaire authentique à Hawaï.

De la street food à essayer

La scène de la cuisine de rue d'Hawaï est un délicieux reflet de ses diverses influences culinaires, mélangeant les saveurs locales avec l'inspiration internationale. Lorsque vous explorez les rues et les marchés des îles, assurez-vous d'essayer ces plats de rue populaires :

1. Glace pilée :

- **Description :** La glace pilée est une friandise hawaïenne rafraîchissante et emblématique. La glace finement pilée est arrosée de sirops aromatisés, et elle est souvent recouverte de lait concentré ou garnie de haricots azuki sucrés.

2. Spam Musubi :

- **Description :** Collation populaire influencée par les saveurs hawaïennes et japonaises, le spam musubi se compose d'une tranche de spam grillé sur un bloc de riz, enveloppée de nori (algues). C'est une collation portable pratique et savoureuse.

3. Malasadas :

- **Description :** Les Malasadas sont des beignets frits d'inspiration portugaise sans trou. Enrobés de sucre, ils se dégustent souvent chauds et peuvent être fourrés de différentes saveurs comme la crème pâtissière ou les confitures de fruits.

4. Le Mocus fou :

- **Description :** Loco moco est un plat copieux et satisfaisant composé de riz garni d'une galette de hamburger, d'un œuf au plat et d'une sauce brune savoureuse. C'est un classique de la nourriture réconfortante.

5. Le Poulet tardif tardif :

- **Description :** Le poulet Huli Huli est le barbecue hawaïen à son meilleur. Grillé à la perfection, le poulet est souvent arrosé d'une marinade savoureuse qui lui donne un goût délicieusement sucré et salé.

6. Le Étals de fruits :

- **Description : Le** climat tropical d'Hawaï permet une variété de fruits frais et exotiques. Recherchez les étals de fruits locaux où vous pourrez déguster des délices tropicaux comme l'ananas, la mangue, la papaye et la noix de coco.

7. Le Manapua :

- **Description :** Une version hawaïenne du bao chinois, le manapua se compose d'un petit pain cuit à la vapeur rempli de diverses garnitures salées ou sucrées comme le char siu (porc grillé) ou la pâte de haricots rouges sucrée.

8. Le Nouilles frites :

- **Description** : Souvent servies dans des food trucks ou des étals, les nouilles frites avec une variété de garnitures sont une option de cuisine de rue populaire et rapide, offrant un mélange de saveurs et de textures.

9. Le Épis de maïs :

Description : Vous trouverez des vendeurs qui font griller des épis de maïs avec une variété d'assaisonnements. Essayez-le avec du beurre à l'ail ou saupoudré d'épices locales pour une collation savoureuse.

10. Eau de coco:

Description : L'eau de coco fraîche est une boisson de rue populaire et hydratante. Les vendeurs peuvent ouvrir une noix de coco sur place, ce qui vous permet de profiter de la boisson rafraîchissante.

11. Bols d'açaï :

Description : Les bols d'açai, contenant des baies d'açaï mélangées dans une base de smoothie épaisse et garnis de granola, de fruits et de miel, sont une option de cuisine de rue populaire et saine.

12. Frites de patates douces :

Description : Les vendeurs ambulants servent souvent des frites de patates douces, seules ou en accompagnement. La douceur naturelle des patates douces en fait une délicieuse collation.

13. Hot-dogs à la hawaïenne :

Description : Les hot-dogs ont une touche hawaïenne avec des garnitures uniques comme l'ananas, la sauce teriyaki et même le spam. Recherchez les vendeurs de hot-dogs locaux pour goûter à ce classique à saveur insulaire.

Restrictions et options alimentaires

Hawaï est un paradis pour diverses expériences culinaires, s'adaptant à diverses préférences et restrictions alimentaires. Que vous soyez végétarien, végétalien, sans gluten ou que vous ayez des allergies alimentaires spécifiques, les îles offrent un large éventail d'options pour répondre à vos goûts.

1. Délices végétariens et végétaliens :

- Hawaï adopte un mode de vie à base de plantes, et vous trouverez de nombreuses options végétariennes et végétaliennes à travers les îles. Recherchez des restaurants et des cafés spécialisés dans la cuisine à base de plantes, proposant des plats comme des bols d'açai, des poke végétaliens et des salades copieuses à base d'ingrédients frais et locaux.

2. Des friandises sans gluten :

- Manger sans gluten est facile à Hawaï. De nombreux restaurants sont sensibles aux préoccupations liées au gluten et étiquettent les options sans gluten sur leurs menus. Explorez les fruits de mer frais, les plats à base de riz et les desserts sans gluten sans faire de compromis sur le goût.

3. Paradis des fruits de mer pour les pescatariens :

- Si vous êtes pescatarien, Hawaï est un paradis pour les fruits de mer. Laissez-vous tenter par les prises les plus fraîches, notamment les poke bowls ahi, les tacos au poisson grillé et les salades de fruits de mer. Les régions côtières offrent une abondance d'expériences culinaires de l'océan à la table.

4. Sensibilisation aux allergènes :

- L'industrie hôtelière d'Hawaï est attentive aux préoccupations en matière d'allergènes. Communiquez clairement vos allergies au personnel du restaurant, et de nombreux endroits répondront à vos besoins. Certains établissements fournissent même des informations détaillées sur les allergènes sur leurs menus.

5. Saveurs internationales :

- La diversité culturelle d'Hawaï se reflète dans sa cuisine internationale. Explorez les sushis japonais, les currys thaïlandais, les sautés chinois et plus encore. Les restaurants internationaux proposent souvent une variété de plats, offrant des options pour ceux qui ont des préférences alimentaires différentes.

Chapitre 7

Activités de plein air

Plongée avec tuba

Faire de la plongée en apnée à Hawaï, c'est comme plonger dans un monde sous-marin incroyable. Vous pouvez voir des récifs coralliens colorés, nager avec différents types d'animaux marins et profiter de l'eau claire. Voici quelques endroits sympas pour faire de la plongée en apnée à Hawaï :

1. Baie de Hanauma, Oahu :

- Située sur la côte sud-est d'Oahu, la baie de Hanauma est une réserve naturelle connue pour son récif corallien vierge et sa vie marine abondante. La baie protégée est idéale pour les plongeurs en apnée de tous niveaux, offrant la possibilité de nager aux côtés de poissons colorés et de formations coralliennes.

2. Cratère Molokini, Maui :

- Cratère volcanique partiellement submergé au large de Maui, Molokini est un sanctuaire marin réputé pour ses eaux claires et son écosystème marin diversifié. Les plongeurs en apnée peuvent rencontrer une variété de poissons, de raies et même de requins de récif.

3. Baie de Kealakekua, Grande Île :

- Le monument du capitaine Cook dans la baie de Kealakekua sur la grande île est un paradis pour la plongée en apnée. Les jardins de corail vibrants et les eaux claires abritent un riche éventail de vie marine. Accessible en bateau ou par une randonnée difficile, la baie est un site historique et une réserve marine.

4. Baie de Napili, Maui :

- Située sur la côte nord-ouest de Maui, la baie de Napili offre des eaux calmes et un récif corallien florissant. Les plongeurs en apnée peuvent rencontrer des tortues de mer vertes, des poissons colorés et diverses espèces de coraux. L'accessibilité de la baie en fait un choix populaire pour la plongée en apnée.

5. Plage des tunnels, Kauai :

- La plage de Tunnels, sur la côte nord de Kauai, est connue pour ses superbes paysages sous-marins, notamment de grandes formations coralliennes et une abondance de vie marine. Le lagon peu profond et le récif protecteur le rendent adapté aux plongeurs en apnée de tous niveaux.

6. Baie de Kapalua, Maui :

- La baie de Kapalua est une baie pittoresque en forme de croissant avec des eaux calmes et un récif corallien près du rivage. Les plongeurs en apnée peuvent explorer le récif animé, qui abrite un éventail de poissons tropicaux.

7. Parc de la plage de Kahekili (plage de l'aéroport), Maui :

- Situé dans l'ouest de Maui, le Kahekili Beach Park est un spot de plongée en apnée idéal pour les familles avec une plage de sable et un récif corallien regorgeant de vie marine. Le récif côtier est facilement accessible pour les plongeurs en apnée.

8. Parc de la plage de Kahaluu, Grande île :

- Situé sur la côte de Kona, le parc de la plage de Kahaluu est une destination populaire pour la plongée en apnée avec une baie abritée et un environnement sous-marin diversifié. Les plongeurs en apnée rencontrent souvent des poissons colorés, des tortues de mer et des anguilles.

9. Plage de Lanikai, Oahu :

- Bien qu'elle soit connue pour son magnifique sable blanc, la plage de Lanikai à Oahu offre également de bonnes conditions de plongée en apnée. Les eaux claires laissent entrevoir des poissons et des formations coralliennes, et les îles Mokulua au large ajoutent au paysage.

10. Black Rock, Maui :

- Situé sur la plage de Kaanapali à Maui, Black Rock est un promontoire de roche de lave qui s'étend dans l'océan. Les plongeurs en apnée peuvent explorer le monde sous-marin autour du rocher, où la vie marine est abondante.

Surf

Le surf à Hawaï n'est pas seulement un sport ; C'est un mode de vie profondément ancré dans la culture et l'histoire des îles. En tant que berceau du surf moderne, Hawaï offre une gamme variée de spots de surf pour tous les niveaux, des débutants aux surfeurs professionnels. Les îles abritent des spots de surf de renommée mondiale, et ce sport joue un rôle central dans le style de vie décontracté et centré sur l'océan des habitants.

North Shore, Oahu : Abritant le tristement célèbre pipeline Banzai et la baie de Waimea, la côte nord est la Mecque des amateurs de surf. Les mois d'hiver apportent des vagues massives, attirant des surfeurs d'élite pour la Vans Triple Crown of Surfing.

Waikiki, Oahu : La plage de Waikiki est un endroit classique pour les débutants, avec de longues vagues ondulantes idéales pour apprendre. Les vagues douces et les eaux chaudes en font une destination populaire pour les écoles de surf.

Honolua Bay, Maui : Un spot de surf de premier plan sur la côte nord-ouest de Maui, Honolua Bay offre des vagues puissantes et constantes, attirant les surfeurs expérimentés à la recherche d'une conduite difficile.

Baie de Hanalei, Kauai : Cette baie pittoresque de la côte nord de Kauai est réputée pour ses longues vagues, ce qui la rend adaptée aux surfeurs débutants et avancés. Le paysage luxuriant qui l'entoure ajoute au charme.

Baie de Maalaea, Maui : Connue pour ses vagues longues et constantes, la baie de Maalaea est l'une des préférées des surfeurs à la recherche d'une expérience moins fréquentée. Il convient à différents niveaux de compétence.

La côte ouest de Big Island : Des spots comme Honolii et Pine Trees offrent des conditions variées pour les surfeurs de la Big Island. Les spots de surf de la côte ouest bénéficient de la géographie unique de l'île.

Les événements et les compétitions de surf font partie intégrante de la culture hawaïenne, célébrant le riche héritage de ce sport. Que vous attrapiez votre première vague à Waikiki ou que vous défiiez les puissants barils de la côte nord, surfer à Hawaï est une expérience qui combine compétence, passion et une connexion profonde avec l'océan.

Randonnée

La randonnée à Hawaï est une expérience à couper le souffle et enrichissante, offrant un large éventail de sentiers qui mettent en valeur les paysages époustouflants des îles, des forêts tropicales luxuriantes et des cratères volcaniques aux falaises côtières et aux cascades. Voici quelques destinations de randonnée notables à travers les îles hawaïennes :

1. Sentier Kalalau, Kauai :

- L'un des sentiers les plus emblématiques, le sentier Kalalau longe la côte de Nāpali, offrant des vues à couper le souffle sur les falaises, les vallées et l'océan Pacifique. Il s'agit d'une randonnée de 11 miles qui nécessite un permis pour le camping de nuit.

2. Cratère Haleakalā, Maui :

- Le sentier des sables glissants dans le parc national de Haleakalā emmène les randonneurs dans les paysages d'un autre monde du cratère Haleakalā. La zone sommitale offre une vue panoramique sur le cratère, les formations volcaniques uniques et, par temps clair, les îles voisines.

3. Sentier du sommet de Diamond Head, Oahu :

- Situé sur l'île d'Oahu, le Diamond Head Summit Trail est une randonnée courte mais raide menant au bord de l'emblématique cratère volcanique. Le sommet offre une vue panoramique sur Waikiki et la côte sud-est.

4. Sentiers du canyon Waimea, Kauai :

- Explorez le « Grand Canyon du Pacifique » en parcourant divers sentiers dans le parc d'État de Waimea Canyon. Des sentiers comme le Canyon Trail et le Cliff Trail offrent des vues imprenables sur les couleurs vibrantes du canyon.

5. Parc d'État de la côte de Na Pali, Kauai :

- Au-delà du sentier Kalalau, d'autres sentiers du parc d'État de la côte de Na Pali offrent des vues fascinantes sur le littoral accidenté. Le sentier des chutes Hanakapiai mène à une magnifique chute d'eau, tandis que le sentier Awa'awapuhi offre des points de vue à couper le souffle.

6. Sommet du Mauna Kea, Grande Île :

- La randonnée jusqu'au sommet du Mauna Kea, le point culminant du Pacifique, offre une expérience d'un autre monde. Le sentier du Mauna Kea commence à la station d'information touristique et monte jusqu'au sommet, mettant en valeur divers écosystèmes.

7. Sentier de la crête de Waihee, Maui :

- Ce sentier de Maui mène les randonneurs à travers une forêt tropicale luxuriante, offrant une vue panoramique sur la vallée de Waihee et le littoral. La variété des paysages en fait un lieu de prédilection pour les amoureux de la nature.

8. Sentier du phare de Makapu'u Point, Oahu :

- Situé sur la côte sud-est d'Oahu, ce sentier offre une vue imprenable sur l'océan Pacifique et les îles au large. La randonnée mène au phare historique de Makapu'u.

9. Sentier de la vallée de Pololu, Big Island :

- À l'extrémité nord de la Grande Île, le sentier de la vallée de Pololu descend dans une vallée luxuriante avec des plages de sable noir et des falaises spectaculaires.

10. Randonnée de la casemate de Lanikai, Oahu :

- Cette randonnée courte mais raide à Lanikai offre une vue panoramique sur les îles Mokulia, la plage de Kailua et les eaux scintillantes du Pacifique.

Avant de se lancer dans une randonnée à Hawaï, il est essentiel d'être préparé avec des chaussures appropriées, de l'eau et, si nécessaire, des permis. De plus, le respect de l'environnement et le respect des directives des sentiers garantissent une expérience de randonnée positive tout en préservant la beauté naturelle des îles.

Kayak

Le kayak à Hawaï est un moyen fantastique d'explorer les côtes pittoresques des îles, les criques cachées et la vie marine animée. Voici quelques endroits sympas pour faire du kayak :

1. Plage d'Anini, Kauai :

- La plage d'Anini, sur la côte nord de Kauai, a des eaux calmes et un récif qui protège la côte. C'est un endroit idéal pour faire du kayak et voir des poissons colorés, des tortues de mer et peut-être même des dauphins.

2. Baie de Kealakekua, Grande île :

- La baie de Kealakekua est un endroit spécial avec une eau claire et beaucoup de vie marine. Vous pouvez y pagayer et explorer l'histoire tout en profitant de la beauté des environs.

3. Plage de Lanikai, Oahu :

- La plage de Lanikai à Oahu est célèbre pour son sable doux et ses eaux claires. Le kayak ici vous offre une vue magnifique sur les îles Mokulia, et vous pourrez peut-être voir des oiseaux de mer et des poissons.

4. Plage de Wailea, Maui :

- La plage de Wailea à Maui a des eaux calmes, ce qui la rend parfaite pour le kayak. Vous pouvez pagayer le long de la côte et profiter du soleil et peut-être apercevoir des tortues de mer.

5. Aventure en kayak et plongée en apnée à Holokai, Oahu :

- Participer à une visite guidée comme le Holokai Kayak Adventure est une façon amusante d'explorer les eaux d'Oahu. Vous pouvez pagayer le long de la célèbre plage de Waikiki et même essayer la plongée en apnée.

6. Rivière Hanalei, Kauai :

- Faire du kayak le long de la rivière Hanalei à Kauai vous emmène à travers des paysages luxuriants et vous donne une perspective différente de la beauté de l'île.

7. Kihei, Maui :

- Kihei sur l'île de Maui offre diverses possibilités de kayak, de la pagaie près des tortues de mer à l'exploration de la côte pittoresque.

8. Kahului, Maui :

- Faire du kayak dans le port de Kahului à Maui est une expérience unique. Vous pouvez voir des bateaux, profiter de la vue sur la côte et même apercevoir de la vie marine.

9. Rivière Wailua, Kauai :

- La rivière Wailua à Kauai est un endroit populaire pour le kayak. Vous pouvez pagayer à travers des paysages luxuriants et atteindre les chutes secrètes après une courte randonnée.

10. Baie de Maunalua, Oahu :

- La baie de Maunalua à Oahu est connue pour ses eaux calmes, ce qui en fait un endroit idéal pour le kayak. Vous pourrez profiter de la vue sur le littoral et peut-être apercevoir des tortues de mer.

Avant de faire du kayak, assurez-vous de porter un gilet de sauvetage, d'apporter de la crème solaire et de suivre les consignes de sécurité. C'est une façon amusante de se connecter avec la nature d'Hawaï et de vivre une aventure sur l'eau !

Tours en hélicoptère

Les excursions en hélicoptère à Hawaï offrent une perspective unique et impressionnante des divers paysages des îles, des forêts tropicales luxuriantes et des cratères volcaniques aux cascades et aux côtes immaculées. Voici quelques destinations populaires pour les excursions en hélicoptère à Hawaï :

1. **Côte de Nāpali, Kauai :** La côte de Nāpali est réputée pour ses falaises spectaculaires, ses vallées cachées et ses cascades. Les tours en hélicoptère offrent une perspective aérienne spectaculaire, mettant en valeur la beauté inaccessible de ce littoral isolé.

2. **Cratère Haleakalā, Maui :** S'élever au-dessus du sommet de Haleakalā, le volcan endormi de Maui, offre une expérience d'un autre monde. Les tours en hélicoptère révèlent la vaste étendue du cratère, les paysages volcaniques uniques et la possibilité d'assister à un lever ou un coucher de soleil depuis les airs.

3. **Mauna Loa et Mauna Kea, Big Island :** Les tours en hélicoptère au-dessus de la Grande Île offrent une vue sur les sommets imposants du Mauna Loa et du Mauna Kea. Les visiteurs peuvent observer les divers climats, des forêts tropicales humides aux déserts

alpins, alors qu'ils survolent ces montagnes volcaniques massives.

4. **Parc national des volcans, Big Island :** Visiter les paysages volcaniques actifs du parc national des volcans offre une perspective rare sur la puissance et la beauté de la géologie dynamique d'Hawaï. Les visiteurs peuvent assister à des coulées de lave, des cratères et des paysages volcaniques en constante évolution.

5. **Littoral d'Oahu :** Les excursions en hélicoptère sur Oahu mettent en valeur les sites emblématiques de l'île, notamment Diamond Head, la plage de Waikiki et les eaux bleues vibrantes de la baie de Hanauma. Les visites comprennent souvent un mélange de paysages urbains et naturels.

Les excursions en hélicoptère à Hawaï offrent un moyen passionnant et inoubliable d'admirer les merveilles naturelles des îles. Il est important de choisir des voyagistes réputés qui accordent la priorité à la sécurité et fournissent des commentaires informatifs, améliorant ainsi l'expérience globale de l'exploration d'Hawaï depuis le ciel.

Baleines

L'observation des baleines à Hawaï est une expérience captivante, offrant la possibilité d'observer les majestueuses baleines à bosse alors qu'elles migrent vers les eaux chaudes hawaïennes pour se reproduire et mettre bas. Voici quelques détails clés sur l'observation des baleines à Hawaï :

Saison : La principale saison d'observation des baleines à Hawaï s'étend de décembre à avril. Au cours de cette période, des milliers de baleines à bosse quittent leurs aires d'alimentation en Alaska pour se rendre dans les eaux hawaïennes pour s'accoupler et mettre bas.

Meilleures îles pour l'observation des baleines :

- **Maui :** Les eaux entourant Maui, en particulier le canal d'Auau entre Maui, Molokai et Lanai, sont connues pour leurs excellentes possibilités d'observation des baleines. Lahaina et le port de Ma'alaea sont des points de départ populaires pour des excursions d'observation des baleines.

- **Grande île :** Les baleines à bosse peuvent également être repérées le long des côtes de Kona et Kohala de la Grande Île. Les départs de Kailua-Kona et de Waikoloa sont fréquents.

- **Oahu :** Bien que moins concentrés que Maui, la côte nord et la côte du vent d'Oahu offrent également des chances de voir des baleines à bosse. Les excursions en bateau partent de Waianae et Haleiwa.

- **Kauai :** Les eaux au large de la côte sud de Kauai, près de Poipu, sont un autre endroit potentiel pour l'observation des baleines. Des excursions en bateau partent souvent de Port Allen.

Excursions d'observation des baleines : De nombreux voyagistes proposent des excursions d'observation des baleines, allant des catamarans et des voiliers aux grands navires équipés de naturalistes experts. Ces guides fournissent des informations précieuses sur le comportement et la biologie des baleines tout en assurant une expérience d'observation respectueuse.

Observations courantes : Les baleines à bosse sont connues pour leurs parades acrobatiques, y compris les brèches, les claquements de queue et les vagues de nageoires pectorales. Les mères avec des veaux sont un spectacle courant, car les eaux chaudes d'Hawaï offrent un environnement sûr pour l'allaitement et la création de liens.

Réglementation : Pour protéger ces magnifiques créatures, des règles strictes régissent la distance que les bateaux doivent maintenir avec les baleines. Les navires ne sont pas autorisés à s'approcher à moins de 100 mètres d'un rorqual à bosse.

L'observation des baleines à Hawaï offre un lien passionnant avec la vie marine qui orne les eaux des îles, offrant une expérience inoubliable aux visiteurs et aux habitants.

Chapitre 8

Achats

Souvenirs populaires à obtenir

Lors de votre visite à Hawaï, vous trouverez une variété de souvenirs uniques et culturellement riches qui capturent l'esprit des îles. De l'artisanat traditionnel aux produits d'inspiration locale, voici des souvenirs populaires à envisager de rapporter de votre aventure hawaïenne :

1. Vous :

- **Description :** Les lei, guirlandes de fleurs, sont un symbole de bienvenue et de célébration à Hawaï. Ils peuvent être fabriqués à partir de fleurs fraîches, de noix de kukui ou même de coquillages. Les fleurs traditionnelles présentent souvent des fleurs parfumées comme le plumeria ou les orchidées.

2. Courtepointes hawaïennes :

- **Description :** Les courtepointes hawaïennes faites à la main sont connues pour leurs motifs vibrants et leurs motifs complexes. Ils présentent souvent des motifs floraux et sont une belle représentation de l'artisanat hawaïen.

3. Le Produits en bois de koa :

- **Description :** Le bois de koa est originaire d'Hawaï et est utilisé pour fabriquer une variété d'articles, notamment des bols, des meubles et des bijoux. Les produits en bois de koa constituent des souvenirs uniques et significatifs, mettant en valeur la beauté naturelle des îles.

4. Le Macadamia:

- **Description : Les** noix de macadamia hawaïennes sont une friandise savoureuse et populaire. Ils sont disponibles en différentes saveurs, telles que enrobées de chocolat ou glacées au miel. Recherchez des produits à base de noix de macadamia produits localement, y compris des huiles aromatisées et des tartinades gastronomiques.

5. Le Café hawaïen :

- **Description :** Hawaï est réputée pour son café de haute qualité, en particulier de la région de Kona sur la Grande Île. Pensez à rapporter un sac de café Kona fraîchement torréfié pour savourer un avant-goût des îles à la maison.

6. Le Produits à base d'ananas :

- **Description :** Les ananas sont synonymes d'Hawaï, et vous trouverez une gamme de souvenirs sur le thème de l'ananas. Recherchez des bibelots en forme d'ananas, des confitures ou même des spiritueux infusés à l'ananas comme des liqueurs ou des rhums.

7. Le Chemise hawaïenne (chemise Aloha) :

- **Description :** L'emblématique chemise hawaïenne, ou chemise Aloha, est un vêtement coloré et décontracté orné d'imprimés vibrants de fleurs, de palmiers et d'autres motifs tropicaux. C'est un souvenir classique et confortable.

8. Le Sel hawaïen :

- **Description : Le** sel de mer hawaïen, souvent récolté selon des méthodes traditionnelles, se décline en différentes saveurs et couleurs. C'est un souvenir culinaire unique, et certaines variétés sont infusées avec des ingrédients locaux comme des cendres volcaniques ou des herbes.

9. Le Hula met en œuvre :

- **Description :** Les instruments traditionnels de hula, tels que les jupes de hula, les leis, ou les accessoires de danse, sont des souvenirs authentiques qui reflètent le riche patrimoine culturel d'Hawaï. Recherchez des articles fabriqués par des artisans locaux.

10. Sculptures Tiki :

- **Description** : Les sculptures Tiki, inspirées de la mythologie polynésienne et hawaïenne, sont des objets décoratifs populaires. Les tikis en bois ou en pierre constituent des souvenirs distinctifs et visuellement attrayants.

11. Aloha Wear pour les enfants :

- **Description** : Si vous avez des enfants dans votre vie, pensez à ramener de jolis vêtements Aloha, tels que des robes ou des chemises aux imprimés ludiques, capturant l'essence de l'esprit vibrant et joyeux d'Hawaï.

Hawaï offre de nombreux souvenirs qui reflètent sa beauté naturelle, ses traditions culturelles et ses saveurs uniques. Que vous optiez pour l'artisanat traditionnel, les délices culinaires ou les vêtements vibrants, chaque souvenir porte en lui un morceau de l'esprit Aloha. Gardez à l'esprit que soutenir les artisans et les entreprises locales améliore l'authenticité de vos souvenirs hawaïens. Lors de la sélection des articles, tenez compte de l'importance culturelle et de l'artisanat qui se cachent derrière chaque pièce, faisant de votre souvenir un souvenir significatif de votre séjour dans les îles.

Shopping haut de gamme

Hawaï possède des quartiers commerçants haut de gamme qui s'adressent aux amateurs de luxe à la recherche d'un mélange de boutiques de créateurs internationaux, de marques haut de gamme et d'offres locales uniques. Ces quartiers offrent non seulement une expérience de shopping haut de gamme, mais mettent également en valeur la capacité de l'État d'Aloha à créer des environnements de vente au détail luxueux et exclusifs. Voiciquelques quartiers commerçants haut de gamme à Hawaï :

1. Luxury Row - Waikiki, Oahu :

- **Vue d'ensemble :** Situé au cœur de Waikiki, Luxury Row est une destination de shopping de premier plan proposant une sélection de marques de luxe internationales. Les boutiques haut de gamme le long de l'avenue Kalakaua comprennent des noms comme Chanel, Gucci, Tiffany & Co. et Yves Saint Laurent. Le quartier offre une atmosphère sophistiquée et exclusive pour ceux qui recherchent de la mode, des bijoux et des accessoires haut de gamme.

2. Centre Ala Moana - Honolulu, Oahu :

- **Vue d'ensemble :** Bien que le centre Ala Moana soit un grand centre commercial, il abrite également une aile de luxe qui s'adresse spécifiquement aux acheteurs haut de gamme. Cette aile comprend des boutiques de créateurs tels que Chanel, Louis Vuitton, Prada, etc. Avec son emplacement en bord de mer et sa sélection variée de marques de luxe, Ala Moana offre une expérience de shopping unique.

3. Centre royal hawaïen - Waikiki, Oahu :

- **Vue** d'ensemble : Situé à Waikiki, le Royal Hawaiian Center est connu pour ses offres de vente au détail haut de gamme, notamment la mode de luxe, les bijoux et les produits artisanaux hawaïens. Le centre présente des marques comme Cartier, Fendi et Tourneau, offrant un mélange de shopping de luxe international et local.

4. Wailea - Maui :

- **Vue** d'ensemble : Wailea, situé sur la côte sud-ouest de Maui, est une zone de villégiature qui comprend des possibilités de shopping haut de gamme. The Shops at Wailea est un centre commercial haut de gamme proposant des marques renommées telles que Bottega Veneta, Gucci et Bvlgari. L'ambiance tropicale et les boutiques de luxe font de Wailea une visite incontournable pour ceux qui recherchent une expérience de shopping élevée à Maui.

5. Les boutiques de Kukui'ula - Kauai :

- **Vue d'ensemble :** Situé dans le quartier pittoresque de Poipu à Kauai, The Shops at Kukui'ula propose un mélange de commerces de détail haut de gamme, de restaurants et de divertissements. Les visiteurs peuvent découvrir des marques haut de gamme comme Tori Richard, ainsi que des boutiques locales mettant en vedette des designers hawaïens. Les environs magnifiquement aménagés ajoutent à l'expérience globale de luxe.

6. Le Promenade sur la plage de Waikiki - Oahu :

- **Vue** d'ensemble : Bien que Waikiki Beach Walk soit connu pour ses divertissements et ses restaurants, il offre également des expériences de shopping haut de gamme. Des marques haut de gamme telles que Kate Spade New York et Tory Burch sont présentes, offrant un mélange de vente au détail de luxe et de loisirs au cœur de Waikiki.

7. Le Waikele Premium Outlets - Oahu :

- **Vue** d'ensemble : Bien que les Waikele Premium Outlets offrent des prix réduits, ils sont considérés comme une destination de shopping haut de gamme en raison de la présence de marques haut de gamme. Les acheteurs peuvent trouver des articles de créateurs et de luxe dans des points de vente comme Coach, Michael Kors et Polo Ralph Lauren.

Les quartiers commerçants haut de gamme d'Hawaï offrent une gamme luxueuse et diversifiée d'expériences de vente au détail, combinant l'élégance internationale avec le charme unique des îles.

Meilleurs marchés

Les marchés d'Hawaï sont un kaléidoscope de couleurs, de parfums et de sons, offrant une expérience unique et immersive aux habitants et aux visiteurs. C'estun voyage à travers certains des meilleurs marchés d'Hawaï, chacun avec son propre charme et ses propres offres.

1. Marché fermier d'Hilo - Grande île :

- **Vue d'ensemble :** Situé au cœur de Hilo sur la Grande Île, le Hilo Farmers Market est un marché en plein air animé qui met en valeur la générosité de l'île. Ouvert tous les jours, il propose un éventail de fruits tropicaux, de légumes, de fleurs et d'artisanat fait à la main. Le marché est un paradis pour les gourmets, avec des vendeurs proposant des plats locaux fraîchement préparés, des collations et des friandises uniques. Les visiteurs peuvent explorer des stands remplis de bijoux, de vêtements et d'œuvres d'art, ce qui en fait un arrêt parfait pour les délices culinaires et les souvenirs authentiques.

2. Marché fermier de Waikiki - Oahu :

- **Vue d'ensemble :** Situé au cœur de Waikiki, le marché fermier de Waikiki propose un délicieux mélange de produits frais, de collations locales et d'artisanat artisanal. Ouvert plusieurs jours par semaine, il offre aux résidents et aux touristes l'occasion de découvrir les saveurs d'Hawaï. Des fruits exotiques aux produits artisanaux, ce marché capture l'essence du paysage agricole diversifié d'Oahu.

3. Maui Swap Meet - Maui :

- **Vue d'ensemble :** Le Maui Swap Meet est un trésor d'artisanat local, de bijoux faits à la main, de vêtements et de produits frais. Organisé tous les samedis à l'Université d'Hawaï Maui College, le marché attire à la fois les habitants et les visiteurs à la recherche d'objets uniques. C'est un excellent endroit pour trouver des souvenirs, de l'art et de l'artisanat directement auprès des artisans. La diversité des offres en fait une visite incontournable pour ceux qui explorent Maui.

4. Marché communautaire de Kauai - Kauai :

- **Vue d'ensemble :** Le marché communautaire de Kauai est un rassemblement dynamique d'agriculteurs, d'artisans et de vendeurs de nourriture locaux. Se déroulant tous les samedis à Lihue, il propose une sélection variée de produits frais, de fruits tropicaux, d'artisanat artisanal et d'aliments préparés. Les visiteurs peuvent s'engager dans la communauté, profiter de la musique live et savourer les saveurs de Kauai.

5. Marché fermier de Kahului - Maui :

- **Vue d'ensemble :** Situé près de l'aéroport de Kahului, le marché fermier de Kahului est un centre d'activité, en particulier en semaine. Les agriculteurs et les vendeurs locaux présentent une gamme de fruits, de légumes, de fleurs et de friandises hawaïennes. L'emplacement central du marché le rend pratique pour ceux qui arrivent ou partent de Maui, offrant une introduction rapide et authentique à l'offre agricole de l'île.

6. Marché fermier de Kailua-Kona - Grande île :

- **Vue d'ensemble :** Le marché fermier de Kailua-Kona, qui se tient plusieurs jours par semaine, offre une expérience vivante et diversifiée au cœur de Kona. Les visiteurs peuvent explorer une variété de produits frais, de fleurs tropicales et d'artisanat local. La proximité du marché avec l'océan influence l'offre de fruits de mer, et c'est un endroit idéal pour déguster les spécialités de la Grande Île.

7. Le Marché fermier d'Honolulu au Neal S. Blaisdell Center - Oahu :

- **Vue d'ensemble :** Le marché fermier d'Honolulu au Neal S. Blaisdell Center est un marché animé proposant une vaste gamme de produits locaux. Des fruits et légumes frais aux produits artisanaux en passant par les trouvailles uniques, c'est un guichet unique pour ceux qui recherchent un avant-goût d'Hawaï. Le marché est stratégiquement situé à Honolulu, ce qui le rend accessible aux résidents et aux touristes qui explorent Oahu.

8. Le Rencontre d'échange au stade Aloha - Oahu :

- **Vue d'ensemble :** L'Aloha Stadium Swap Meet, l'un des plus grands marchés en plein air d'Hawaï, a lieu les dimanches et mercredis. Avec des centaines de vendeurs, il propose une vaste sélection de produits, notamment des vêtements, des accessoires, des souvenirs et des produits frais. Sa taille et sa variété en font un lieu de prédilection pour les chasseurs de bonnes affaires et ceux qui recherchent une expérience d'achat diversifiée.

9. Le Marché fermier de Maku'u - Grande île :

- **Vue d'ensemble :** Le marché fermier de Maku'u, situé près de Pahoa sur la Grande Île, est un marché animé qui se tient le dimanche. Connu pour son mélange éclectique de vendeurs, il propose un éventail de produits cultivés localement, d'artisanat fait à la main, de bijoux et de vêtements. La musique live et une atmosphère accueillante en font un lieu de rassemblement privilégié pour les habitants et les touristes.

Vie nocturne

La vie nocturne d'Hawaï est aussi diversifiée que ses paysages, offrant un mélange de divertissements et d'expériences culturelles. Bien que chaque île ait sa propre saveur unique, vous pouvez trouver une variété d'options de vie nocturne allant des bars animés en bord de mer aux salons sophistiqués. Voici un aperçu de la vie nocturne à Hawaï :

1. Le Chinatown - Honolulu, Oahu :

- **Vue d'ensemble : Le quartier** chinois d'Honolulu se transforme en un quartier animé de la vie nocturne le soir. Les bars branchés, les bars clandestins et les galeries d'art créent une atmosphère dynamique.

2. Luaus hawaïens :

- **Vue d'ensemble :** Bien qu'il ne s'agisse pas d'une vie nocturne traditionnelle au sens urbain du terme, assister à un luau hawaïen offre une expérience de soirée unique et festive. Les Luaus comprennent souvent de la musique traditionnelle hawaïenne, de la danse hula et un festin de cuisine locale. Des luaus populaires peuvent être trouvés sur diverses îles, offrant une expérience culturelle immersive.

3. Le Restaurants de fin de soirée :

- **Vue d'ensemble :** Certaines régions d'Hawaï ont des restaurants de fin de soirée qui se transforment en centres sociaux. Manger un morceau dans des endroits comme Zippy's ou Rainbow Drive-In peut créer une atmosphère décontractée et animée, même tard dans la nuit.

Conseils pour profiter de la vie nocturne d'Hawaï :

- **Respectez la culture locale :** Bien qu'Hawaï offre une vie nocturne diversifiée, il est essentiel de respecter la culture locale. Certaines zones peuvent avoir une atmosphère plus décontractée, et une approche décontractée et amicale est souvent appréciée.

- **Transport :** Assurez-vous d'avoir un plan de transport, surtout si vous prévoyez de vous adonner à des boissons. Les taxis, les services de covoiturage ou les chauffeurs désignés sont de bonnes options à explorer.

La vie nocturne à Hawaï offre quelque chose pour tous les goûts. Gardez à l'esprit que la vie nocturne peut varier d'une île à l'autre et même au sein de différentes régions de chaque île, donc explorer les offres locales fait partie de l'aventure.

Conclusion

En conclusion, Hawaï est un endroit fascinant et varié qui se présente comme un tissu de caractéristiques naturelles à couper le souffle, d'une scène culturelle dynamique et d'une hospitalité bienveillante. Pour ceux qui recherchent des paysages paradisiaques, cet archipel de l'océan Pacifique offre tout, des plages immaculées et des jungles verdoyantes aux volcans imposants et aux falaises spectaculaires. Profondément enraciné dans la culture de la communauté, l'Aloha Spirit respire la convivialité et l'inclusivité, invitant les clients à prendre part à la fusion spéciale des coutumes hawaïennes, asiatiques, insulaires du Pacifique et occidentales.

Le riche patrimoine culturel d'Hawaï se reflète dans sa musique, sa danse, son art et sa cuisine dynamiques. Qu'il s'agisse de spectacles traditionnels de hula ou de galeries d'art contemporain, les îles offrent un mélange dynamique d'ancien et de nouveau. Des aventures culinaires vous attendent, avec un large éventail de plats incorporant des ingrédients frais et locaux et reflétant la tapisserie culturelle des îles.

Les amateurs de plein air trouveront une aire de jeux à Hawaï, où des activités comme le surf, la plongée en apnée, la randonnée et l'observation des baleines vous invitent sous le soleil tropical. Chaque île possède sa propre personnalité, des paysages luxuriants de Kauai aux merveilles volcaniques de la Grande Île, en passant par le dynamisme cosmopolite d'Oahu et la tranquillité de Maui.

Les visiteurs qui naviguent dans les royaumes enchanteurs d'Hawaï découvriront un équilibre entre détente et exploration. Les centres de villégiature de luxe, les chambres d'hôtes de charme et les hébergements respectueux de l'environnement répondent à un large éventail de préférences, garantissant que chaque voyageur trouve sa retraite parfaite.

Bien que la beauté naturelle d'Hawaï soit sans aucun doute un attrait, c'est la chaleur authentique de ses habitants qui laisse une impression durable. L'esprit Aloha va au-delà d'une simple salutation ; Il incarne une philosophie de gentillesse, d'harmonie et d'interconnexion.

Alors que le soleil se couche sur le Pacifique, projetant des teintes d'orange et de rose à l'horizon, on ne peut s'empêcher de ressentir un lien profond avec l'esprit d'Hawaï. Qu'il s'agisse de chasser les vagues sur la côte nord, de faire de la randonnée dans des vallées luxuriantes ou simplement de savourer une assiette de poke frais, Hawaï offre une invitation à ralentir, à apprécier le moment présent et à s'immerger dans la magie des îles.

Essentiellement, Hawaï n'est pas seulement une destination ; c'est une expérience qui reste dans le cœur, invitant les voyageurs à revenir, ne serait-ce que dans les souvenirs, sur les rives sereines et les paysages vibrants de ce paradis du Pacifique.

Printed in France by Amazon
Brétigny-sur-Orge, FR

21026432R00107